Jim Petersen

Evangelisation: ein Lebensstil

Verlag der Francke-Buchhandlung GmbH
Marburg an der Lahn

Der Autor Jim Petersen ist Leiter der Navigatorenarbeit in Lateinamerika, wo er seit 1963 mit seiner Familie in Brasilien lebt. Er hat dort erlebt, wie viele junge Leute aus einer vollkommen säkularisierten Gesellschaft zum lebendigen Glauben an Christus gefunden haben. Er bietet keine Patentrezepte an, sondern eine biblische Fundierung und praktische Beispiele, wie das Evangelium in einer säkularisierten Gesellschaft vermittelt werden kann.

CIP-Kurztitelaufnahme der Deutschen Bibliothek

Petersen, Jim:
Evangelisation: ein Lebensstil / Jim Petersen.
[Übers. aus d. Amerikan.: Ulrike Rosier]. –
Marburg an d. Lahn : Francke 1983.
(Edition C : M; 49)
Einheitssacht.: Evangelium as a lifestyle ‹dt.›

NE: Edition C / M

ISBN 3-88224-301-5

2. Auflage 1985

Originaltitel: Evangelism As A Lifestyle

Übersetzung aus dem Amerikanischen: Ulrike Rosier
Grafik: Steven S. Hodgson
Herstellung:
St.-Johannis-Druckerei C. Schweickhardt
7630 Lahr-Dinglingen
Printed in Germany 21302/1985

Edition C, Nr. M 49

Inhalt

IV. Teil: Evangelistischer Lebensstil – praktisch

Noch ein Buch über Evangelisation?

Um das Anliegen dieses Buches zu verstehen, muß man sich einige Tatsachen und Beobachtungen vor Augen führen, die jeden verantwortungsbewußten Christen bewegen sollten.

1. Die letzten 10 Jahre sind in Deutschland gekennzeichnet von einer evangelistischen Großoffensive: Überall gibt es große und kleine Evangelisationen; evangelistische Verteilschriften werden zu Hunderttausenden gedruckt und verteilt; fast keine Fußgängerzone ohne singende Jugendgruppe im Einsatz. Dabei hat sich ein ganz bestimmtes Verständnis von Evangelisation entwickelt. „Mission als Sonderaktion, die – der Name sagt es schon – nicht im normalen Leben zu Hause ist, sondern zusätzlich, extra geleistet wird. Der gute Christ engagiert sich dem ‚Ideal' folgend an Feiertagen, Wochenenden und Abenden: Er steht an Informationsständen, geht mit Traktaten von Haus zu Haus und findet sich abends im Evangelisationszelt ein, wo er ‚Zeugnis gibt'. Das Gespräch über den Gartenzaun, der Abend in der Familie, das Plauderstündchen mit Bekannten und Nachbarn (bei denen man ja auch über Gott reden könnte, und zwar sehr glaubwürdig) werden zweitrangig, es lebe die ‚Action', das Besondere, Außergewöhnliche." *
2. Laut einer Umfrage, die „der Spiegel" 1967 und 1979 in Auftrag gegeben hat, haben innerhalb des letzten Jahrzehntes ca. „12 Millionen Deutsche (d. h. jeder Fünfte) ihre christliche Überzeugung oder ihre prochristliche Einstellung aufgegeben zugunsten der Haltung: Christsein? Das bringt mir nichts!" **

In keinem anderen Bereich unserer Gesellschaft hat sich in so kurzer Zeit ein so drastischer Wandel vollzogen. Menschen, die so weit säkularisiert (d. h. verweltlicht) sind, können mit den oben beschriebenen Aktionen *nicht* erreicht werden. Sie gehen vollkommen an ihnen vorbei. Das führt zu der erschreckenden Situation, daß alle evangelistischen Bemühungen auf einen kleinen Prozentsatz der Bevölke-

* Idea 23/81 Kommentar von Thielmann „Das Miss. Jahr 1980 – Die Abkehr von Holzwegen"
** Spiegel 52/79

rung beschränkt bleiben (ca. 20–30%, nämlich die, bei denen durch das Elternhaus noch christliche Vorstellungen gelebt und gelehrt wurden). 70–80% der Menschen bleiben trotz aller Einsätze und Aktionen vom Evangelium unberührt!

Vor einigen Jahren lautete die Jahreslosung: „Gott will, daß *alle* Menschen gerettet werden und sie zur Erkenntnis der Wahrheit kommen“ (1. Tim. 2,4). Wenn wir dieses Anliegen wirklich ernstnehmen, ist eine tiefgreifende Neubesinnung im Bereich der Evangelisation nötig. Gott möchte, daß *alle* Menschen gerettet werden – nicht nur der kleine Prozentsatz derer, denen ein religiöses Erbe mitgegeben worden ist.

Ansatzpunkt für diese Neubesinnung bietet das schlichte Gleichnis Jesu aus Matthäus 13, Vers 33: „Das Himmelreich ist einem Sauerteig gleich, den ein Weib nahm und vermengte ihn unter drei Scheffel Mehl, bis daß es ganz durchsäuert ward“. In diesem Gleichnis Jesu geht es um das Wachstum des Reiches Gottes, dabei werden die Christen mit Sauerteig verglichen, die Welt mit Mehlteig; die Form, in der die Christen die „Welt“ beeinflussen sollen, ist das „Unter-gemengt-sein“, das Ziel ist die vollständige „Durchsäuerung“. Dieses Gleichnis ist eine radikale Aufforderung zum Leben *in* der Welt; nicht durch Anpassung, sondern durch Beeinflussung. Es ist der Aufruf wider den Rückzug in die frommen Kreise, wo die Evangelisation zum „Blitzkrieg“ wird, zu einer Aktion, mit der man sich punktuell in die Welt vorwagt, um schnell in die Geborgenheit der christlichen Gemeinschaft zurückzukehren.

„Untermischen“ ist keine Rechtfertigung für die Halbherzigen, denen die ganzen evangelistischen Programme schon immer suspekt waren, weil sie selbst zu den gehören, denen die Welt mehr bedeutet als die gehorsame Nachfolge, Stattdessen ist es die Anfrage an die, denen es am Herzen liegt, daß Menschen gerettet werden und zur Erkenntnis der Wahrheit kommen. Es ist die Anfrage, wie weit ich bereit bin, die Abgrenzung und Bewahrung aufzugeben, liebgewordene Sprachweisen, Denkstrukturen und Verhaltensweisen abzulegen, *um des anderen willen.* Wie weit will ich den anderen wirklich verstehen und annehmen? Wie weit will ich die Gemeinschaft mit ihm suchen, um Gemeinsamkeiten aufzubauen? Wie weit öffne ich mein Leben, meine Familie, mein Haus, damit andere sehen können, wie es bei mir wirklich aussieht?

Wieviel Geduld habe ich, jemandem mit Ausdauer und Glauben

über Monate und Jahre schrittweise zum Vertrauen in das Evangelium zu helfen.
Fragen, zu deren Beantwortung dieses Buch helfen will – nicht durch Patentrezepte, sondern durch biblische Fundierung und durch viele Beispiele aus einer reichen Erfahrung.

Horst Günzel
Leiter der Navigatorenarbeit

Dieses Buch entstand in Zusammenarbeit mit den Navigatoren.
Die Navigatoren wollen bei der Erfüllung des Missionsbefehls mithelfen, indem sie Menschen für Christus gewinnen und ihnen Hilfe in der Jüngerschaft anbieten. 2. Timotheus 2, 2: »Und was du vor vielen Zeugen von mir gehört hast, das vertraue zuverlässigen Menschen an, die fähig sind, auch andere zu lehren«, kennzeichnet ihre Arbeit.
Sie arbeiten unter Schülern, Studenten und Berufstätigen. Sie tun dies innerhalb des Leibes Christi, im Rahmen der evangelischen Allianz in Verbindung mit anderen christlichen Werken und Gemeinden. Sie sind Mitglied im RMJ (Ring missionarischer Jugendbewegungen), einem Zusammenschluß vieler evangelikaler Missionswerke Deutschlands.
Die verschiedenen Materialveröffentlichungen sollen dazu dienen, daß Gläubige die biblischen Prinzipien der Jüngerschaft kennenlernen und dazu motiviert werden, sie in ihrem Leben und im Dienst für den Herrn anzuwenden.
Weitere Informationen über die Arbeit der Navigatoren erhalten Sie von:

DIE NAVIGATOREN
Seufertstr. 5
5300 Bonn 2

Einleitung

Einige Beobachtungen zu den herkömmlichen Evangelisationsmethoden

– Unser Evangelisationsstil ist in Traditionen steckengeblieben

1963 reisten wir als Familie mit dem Schiff von Amerika nach Brasilien. Wie erwartet stellte diese Reise für uns einen Neuanfang dar. Aber wir hatten nicht damit gerechnet, daß wir schon während der 16 Tage auf dem Schiff entscheidende, neue Erkenntnisse sammeln würden. Dieser Lernprozeß dauert bis heute an. Das vorliegende Buch ist der Versuch, das weiterzugeben, was ich seit dieser Reise darüber gelernt habe, wie man das Evangelium weitergeben kann.
Wir waren 120 Passagiere an Bord, eine Hälfte Touristen, die andere Hälfte Missionare – 60 Touristen und 60 Missionare! Ein ideales Verhältnis! An Bord kann man nicht viel mehr unternehmen als spazieren gehen, lesen oder Gespräche führen. Daher konnte ich mir nicht vorstellen, daß auch nur ein Tourist an das Ziel der Reise gelangen konnte, ohne nicht gründlich mit der christlichen Botschaft konfrontiert worden zu sein. Idealere Bedingungen, um das Evangelium weiterzugeben, konnte es nicht geben.
Während der ersten drei Tage versuchten meine Frau und ich, die anderen Passagiere kennenzulernen. Unsere Gespräche standen nicht unter Zeitdruck und schon bald diskutierten wir ernsthaft mit unseren Bekannten über Christus. Am dritten Tag wurde mir klar, daß wir die Passagiere bald total überfordern würden, wenn alle anderen 58 Missionare dasselbe tun würden wie wir. Ich entschloß mich, mit den anderen darüber zu reden, wie wir unsere evangelistischen Bemühungen aufeinander abstimmen könnten. Die erste Gelegenheit zu einem solchen Gespräch ergab sich, als ich sechs Missionare traf, die auf dem Oberdeck zusammensaßen. Ich setzte mich zu ihnen und erzählte ihnen von meinen Überlegungen. Mein Vorschlag war, daß wir uns absprechen sollten, wie wir die Passagiere am besten erreichen könnten, ohne sie dabei zu überrennen.
Ich hatte die Lage völlig falsch eingeschätzt. Als ich ihnen erklärte,

was mir auf dem Herzen lag, haben sich die sechs befremdet angeschaut. Anscheinend war es ihnen noch nicht in den Sinn gekommen, mit den anderen 60 Passagieren über Christus zu sprechen. Schließlich sagte einer von ihnen: „Wir haben gerade erst unser Theologiestudium hinter uns gebracht. Wir haben dort nicht gelernt, wie man so etwas macht." Ein anderer sagte: „Ich weiß nicht so recht. In mir sträubt sich alles gegen die Vorstellung, daß man sich bekehren soll." Ein Dritter sagte: „Ich bin jetzt seit drei Jahren Pastor, aber ich habe noch nie jemand persönlich auf den Glauben hin angesprochen. Ich glaube, ich weiß auch nicht, wie man das macht."
Ich sagte ihnen daraufhin, daß wir die 95 Millionen Brasilianer vergessen könnten, wenn es uns nicht gelingen würde, diesen 60 Leuten innerhalb von 16 Tagen und mit so vielen Missionaren das Evangelium nahezubringen. Dann sollten wir doch lieber gleich das nächste Schiff zurück nach Hause nehmen.
Nach einigen Stunden klopfte es an unserer Kabinentür. Da waren drei der sechs, mit denen ich gerade gesprochen hatte. Sie wollten mir mitteilen, daß sie vom Kapitän die Erlaubnis bekommen hätten, am Sonntag einen Gottesdienst für die Schiffsmannschaft durchzuführen. Sie baten mich, die Predigt zu halten.
Als sie mir ihr Vorhaben erklärten, kam mir ein Gespräch in den Sinn, das ich vor drei Wochen mit einem befreundeten Pfarrer geführt hatte. Dieser Pfarrer erzählte mir, daß seine Gemeindeglieder kürzlich angefangen hätten, Zeugnis von ihrem Glauben abzulegen. Die jungen Leute gingen jetzt jeden Sonntag in ein Altersheim, um dort einen Gottesdienst zu halten. Einige der Gemeindeglieder hielten jede Woche Gefängnisgottesdienste; am Ende dieser Gottesdienste boten sie den Gefangenen persönliche Seelsorge an.
Natürlich ist nichts Falsches daran, Gottesdienste in Gefängnissen und Altersheimen zu halten. Aber wenn das allein den evangelistischen Einsatz einer Gemeinde ausmacht, dann entsteht ein Problem. Ich fragte den Pfarrer: »Laufen Sie nicht Gefahr, Ihrer Gemeinde beizubringen, daß das Evangelium nur für Menschen in schwierigen Umständen bestimmt ist, für diejenigen, bei denen uns das Zeugnisgeben leichter fällt? Sollten Christen nicht lernen, die Botschaft gerade auch den Menschen zu bringen und sich um die zu kümmern, mit denen sie es täglich zu tun haben?"
Diese Gedanken gab ich an die drei Missionare in meiner Kabine

weiter. Hier an Bord standen wir in der Gefahr, in das gleiche Denken zu verfallen. Ich sagte: „Durch unser Gespräch haben Sie Gewissensbisse bekommen. Da haben Sie sich jetzt diese armen Seeleute ausgesucht, die nie zur Kirche gehen, und haben einen Gottesdienst für sie geplant. Das ist gut. Aber ich denke, wir können uns vor der Verantwortung für die anderen Passagiere nicht drücken."
Sie verstanden, was ich sagen wollte. Aber sie hatten jetzt schon zugesagt, diesen Gottesdienst für die Mannschaft zu halten. Der Kapitän machte einen Anschlag in den Mannschaftsunterkünften und der Speisesaal wurde für den Anlaß hergerichtet. Ich sagte zu, zu kommen, aber nicht um zu predigen.
Wir vier Missionare waren rechtzeitig im Speisesaal. Es war niemand gekommen. Hin und wieder liefen Seeleute ganz geschäftig durch den Raum. Sie waren jedoch sehr darauf bedacht, nicht von uns „abgefangen" zu werden. Schließlich kam ein Seemann herein und setzte sich. Er war Baptist. Das war also unser Gottesdienst. Vier Missionare und ein baptistischer Seemann. Nach diesem Abend fingen meine drei Freunde an, ernsthaft darüber nachzudenken, wie sie auf die Touristen zugehen könnten.
Unter den Passagieren befand sich auch ein älteres, gläubiges Ehepaar. Der Mann hatte Geburtstag, und aus diesem Anlaß veranstalteten die drei Missionare einen traditionellen Liederabend. Ich wußte, was einen da erwartete und hielt es für besser, weg zu bleiben, um nicht die Beziehungen zu den Leuten, mit denen ich im Gespräch über den Glauben war, aufs Spiel zu setzen. Als sie mit ihrem Abendprogramm anfingen, war ich auf dem Oberdeck. Ein anderer Passagier wollte wie ich die Abendluft genießen. Wir fingen an, uns über das Neue Testament zu unterhalten, das ich zum Lesen bei mir hatte.
Wir hörten deutlich, was unten vor sich ging. Es wurden zunächst Volkslieder gesungen, dann kamen geistliche Lieder, und schließlich wurden Glaubenszeugnisse gegeben und eine Ansprache gehalten. Meine drei Freunde waren hinterher ganz begeistert. Es war ihnen gelungen, zu fast allen Passagieren zu „predigen". Natürlich organisierten sie am übernächsten Abend wieder einen Liederabend. Wieder ging ich auf das Oberdeck, aber dieses Mal leisteten mir noch 60 andere Passagiere Gesellschaft. Sie wollten nicht ein zweites Mal in dieselbe Falle gehen!
Als ich später noch einmal über diese 16 Tage nachdachte, ging mir

auf, daß unsere Situation auf dem Schiff die Situation der Kirche im Kleinen widerspiegelte. Durch diese Erkenntnis und die Erlebnisse der darauffolgenden Jahre, in denen mein missionarischer Dienst die Eingewöhnung in eine neue Kultur mit einer neuen Sprache notwendig machte, ergaben sich Hunderte von Fragen. Seitdem bin ich auf der Suche nach Antworten. Ich möchte herausfinden, wie man das Evangelium wirklich in die Welt hineintragen kann. Das ist der Gegenstand dieses Buches.

I. Teil: Einige Schwierigkeiten

1. Sich der Wirklichkeit einer unerreichten Welt stellen

Bewegen wir uns in die richtige Richtung?

„Gehet hin in alle Welt“ (Markus 16,15). Wenn Sie diese Worte Jesu lesen, wie stellen Sie sich diese Welt vor?
Sie könnten sich z. B. darunter ein riesiges Gebiet vorstellen, das von mehr als 4 Milliarden Menschen bewohnt wird, die sich einzig und allein dadurch voneinander unterscheiden, ob sie eine Beziehung zu Gott durch Jesus Christus haben oder nicht. Wir haben eine Mammutaufgabe vor uns, die sich allerdings auf eine leichte Formel bringen läßt: die Botschaft des Evangeliums all denen zu bringen, die Christus nicht kennen. Oder aber Sie haben eine geographische Vorstellung von der Welt. Es gibt heute 165 unabhängige Länder auf der Welt. Wir müssen nationale Grenzen überschreiten, unsere Arbeit in so vielen dieser Länder wie nur möglich aufnehmen und dort als Zeugen Christi leben. Wie oft messen wir den Erfolg unserer missionarischen Arbeit an der Zahl der Länder, in denen wir arbeiten! Die Aufgabe der Weltmission wird dann dahingehend vereinfacht, daß lediglich schon bestehende Formen und Ausprägungen von missionarischer Arbeit in andere Länder der Welt getragen und überall dieselben evangelistischen Methoden angewandt werden.
Statt dessen sollten wir unser Augenmerk mehr auf die einzelnen *Menschen* richten. In einem Bericht der Organisation „World Vision“ heißt es u. a.:

> *„Gott hat in Christus jeden Menschen zur Mission verpflichtet, nicht zur Mission der Länder der Welt, sondern der ta ethne, der Volksgruppen der Welt.*
> *Die Sünde, die tief in unseren Herzen wohnt, hat uns für die wunderbare Tatsache blind gemacht, daß Gott nicht nur alle Völker der Welt liebt, sondern daß er sie gerade in ihrer Verschiedenheit voneinander liebt – so wie sich ein Gärtner über die verschiedenen Farben und Arten der Blumen, die Gott für*

seinen Garten geschaffen hat, freut.
Das missionarische Konzept des Apostels Paulus hatte vor allem die Volksgruppen im Blick. (...) Er arbeitete als Jude mit dem gebührenden Respekt vor der jüdischen, kulturellen Tradition. (...) Er respektierte den Lebensstil der Griechen, solange wie dieser Jesus Christus als Herrn in einem tiefen biblischen und geistlichen Sinne unterworfen war.
*Mission sollte die Farben und Schattierungen, die Grundzüge und Wesensarten der verschiedenartigen Völker ernst nehmen. Viele Missionare haben die Tatsache, daß Gott alle Völker ohne Unterschied liebt, mißverstanden und setzen sich statt dessen für ein falsches Ideal der Ausräumung aller Unterschiede ein. (...) Glücklicherweise wächst die Wertschätzung der vielen verschiedenen und erstaunlich reichen Sprachen und Kulturen auf der ganzen Welt. Es ist von ungeheurer Wichtigkeit, daß wir in der Mission das rechte Feingefühl für die Verschiedenartigkeit der Völker entwickeln.“**

Dr. Charles R. Taber, Herausgeber der Zeitschrift „Practical Anthropology“ und Übersetzungsberater für die „United Bible Societies“, kommt auch in diesem Bericht zu Wort: „Da Gesellschaften, Kulturen und Menschen derart große Unterschiede aufweisen, geht man am besten an die Mission heran, indem man sich möglichst genau auf die jeweilige Situation des Zuhörers einstellt. Der Evangelist muß herausfinden, von welchen Voraussetzungen der Zuhörer in bezug auf Begriffe wie Realität und Wahrheit ausgeht und welche Wertvorstellungen er hat.“

Es ist sehr ermutigend, daß in der heutigen Mission eine evangelistische Strategie betont wird, die an die jeweilige Situation angepaßt ist. Wir brauchen solche, biblisch fundierten Missionsstrategien, die die ethnischen und kulturellen Unterschiede sowie die Denkvoraussetzungen in bezug auf Begriffe wie Realität, Wahrheit und Wertmaßstäbe mit einbeziehen. Ein Mitarbeiter von World Vision hat es so formuliert: „MARC hat richtig erkannt, daß man nur mit einer klar umrissenen Strategie zur Erreichung der unerreichten Völker missionarische Durchschlagskraft haben kann. MARC fordert, daß im Mittelpunkt einer solchen Missionsstrategie das einzelne Volk und

* „Unreached Peoples Directory“, Monrovia, California, MARC, 1974, S. 12 – vorgelegt auf dem Weltevangelisationskongreß in Lausanne (Schweiz)

nicht der Evangelist oder Missionar stehen sollte."
Bei all diesen Betrachtungen geht es darum, *wie* das Evangelium weitergesagt werden kann. Dr. Taber drückt das folgendermaßen aus: „Wir sollten uns darum bemühen, daß wir bei der Darstellung des Evangeliums möglichst genau auf die Bedürfnisse des Zuhörers eingehen." In diesen zitierten Untersuchungen geht es hauptsächlich darum, daß die „Völker" und ihre Kultur verstanden werden, damit wir fähig werden, die *verbale Verkündigung* des Evangeliums der jeweiligen Ausgangssituation genau anzupassen.

Mit diesem Buch möchte ich eine biblisch fundierte Strategie für Evangelisation darstellen. Ich bin jedoch der Meinung, daß wir noch einen Schritt über das bloße Verkündigen hinausgehen müssen, um eine wirkungsvolle Strategie zu finden, die sich auf die Schrift stützt. Wir müssen erkennen, daß die Verkündigung des Evangeliums nur der erste Schritt in der Missionsstrategie des Paulus war. Wir brauchen für diese *unerreichten Völlker* etwas, was über die bloße Verkündigung hinausgeht und mehr Durchschlagskraft besitzt.

Heute leben 800 Millionen Menschen in Ländern mit Namenschristentum – dieser Begriff „Namenschrist" ist zum Synonym für die westliche Zivilisation geworden. MARC ordnet die anderen 3,2 Milliarden Menschen in sieben Kategorien ein: Animisten, Buddhisten, christlich-heidniche Synkretisten, Hinduisten, Mohammedaner, Menschen mit traditionellem Stammesglauben, und die säkularisierten Menschen.

Die Verwendung des Begriffes „säkularisiert" finde ich besonders interessant. In meinem Buch behandele ich die Frage, wie die unerreichten Menschen mit dem Evangelium erreicht werden können. Hierzu habe ich in Amerika und in den entwickelten Gebieten Brasiliens reichliche Erfahrungen gesammelt. Die größte unerreichte Gruppe ist in beiden Ländern der säkularisierte Teil der Bevölkerung. In diesem Buch geht es darum, wie die säkularisierten Menschen mit dem Evangelium angesprochen werden können. Wir verwenden dieses Wort „säkularisiert" an einigen Stellen in einer neuen Bedeutung. Deshalb sollten wir es erst einmal genau definieren.

„Säkular" wird definiert als „zur Welt gehörend, oder zu Dingen, die nicht als religiös, geistlich oder heilig angesehen werden können". „Säkularisiert" bedeutet „profan geworden, losgelöst von jeglicher Religion oder geistlichen Zusammenhängen oder Einflüssen, weltlich oder ungeistlich geworden". Die erste Definition beschreibt ein Leben ohne einen Glauben. Die zweite beinhaltet, daß sich ein Gesinnungswandel von einem gottesfürchtigen Leben zu einem ungeistlichen Leben vollzogen hat.

Wir können diese Definitionen miteinander verknüpfen und damit einen großen Teil der Weltbevölkerung wie folgt beschreiben: „Menschen, die außerhalb eines christlichen Rahmens leben." Der christliche Glaube ist kein wichtiger Bestandteil ihres Lebens mehr. Ihre persönliche Lebensphilosophie gründet sich nicht auf christliche Vorstellungen.

Mit dieser Definition hätten wir die rein „weltlichen" Menschen – jene, die nach einer nichtchristlichen Philosophie leben – umfaßt. Sie würde aber auch die Atheisten, die Agnostiker und diejenigen mit einschließen, für die der Materialismus zur Pseudo-Religion geworden ist – so wie auch der Marxismus eigentlich eine Pseudo-Religion ist.

Sie würde auch die umschließen, die erst später weltlich „geworden" sind, bei denen sich ein Gesinnungswandel von einer christlichen Philosophie zu einer nichtchristlichen Lebensauffassung vollzogen hat. Einige Menschen haben diesen Wandel selber erlebt. Aber meist erstreckt er sich über mehrere Generationen, die vom Christentum enttäuscht wurden. Bei vielen ist es schon mehr als 25 Jahre her, daß sie ein Leben innerhalb christlicher Strukturen kennengelernt haben. Sie sind der Meinung, daß der christliche Glaube als gültiges Fundament für eine persönliche Lebensphilosophie ausgedient hat. Sie leben in einem nachchristlichen Zeitalter.

Sie wissen vielleicht traditionsgemäß einiges über den Glauben, aber das hat keine Auswirkungen auf ihr persönliches Leben. Einige dieser Leute verfügen vielleicht sogar über ein breites Wissen in bezug auf Glaubensinhalte. Sie haben z. B. den Katechismus gelernt. Wenn man sie auf den christlichen Glauben hin anspricht, werden sie die „richtigen" Antworten geben. Aber diese Glaubensinhalte haben für sie persönlich keine Bedeutung mehr.

Andere wissen überhaupt nichts von Glaubensinhalten oder davon, daß es den christlichen Glauben gibt. Viele von uns können sich wahrscheinlich nur schwer vorstellen, daß das sogar noch auf ganze Bevölkerungsschichten Nordamerikas zutrifft.

Es gibt natürlich verschiedene Grade der Säkularisierung. Die Extreme lassen sich immer leicht aufzeigen – aber oft sind die Unterschiede nicht so deutlich erkennbar. Zwischen Schwarz und Weiß

gibt es unendlich viele Grauzonen. Viele Menschen sind teilweise säkularisiert und teilweise christlich.
Wie viele Nordamerikaner könnten als säkularisiert bezeichnet werden? Bei einer Meinungsumfrage der Zeitschrift „Christianity Today" unter Nordamerikanern über 18 im Jahre 1979 wurde festgestellt, daß 94% der Amerikaner an Gott oder an ein höchstes Wesen, das sie als Gott ansehen, glauben. Die Hälfte von ihnen sagte, daß dieser Glaube ihnen großen Trost spendet. Ungefähr ein Viertel glaubte, daß Jesus wahrer Gott und wahrer Mensch ist. 45% sagten, daß ein persönlicher Glaube an Christus die einzige Hoffnung der Erlösung ist.
In Amerika gehören heute 67% der Bevölkerung einer Kirche an. Die Hälfte dieser Leute geht zumindest einmal im Monat zur Kirche. Diese Zahl behinhaltet Protestanten, Katholiken und andere christliche Gemeinschaften. Jeder fünfte amerikanische Erwachsene bezeichnet sich selber als evangelikal.*
Wie können wir die Ergebnisse dieser Umfrage auswerten? Sie zeigen ganz deutlich, daß die christliche Botschaft guten Anklang gefunden hat. Aber was ist mit der Hälfte dieser 94%, die wenig oder keinen Trost in dem Gott finden, an den sie glauben. Scheinbar sind sie Anhänger eines einfachen Deismus, eines Glaubens an einen Gott, der vielleicht einmal die Welt erschaffen hat, sich dann aber zurückgezogen hat; für sie ist Gott nicht jemand, der aktiv in das Leben der Menschen eingreift.
In dem angeführten Bericht stellt Dr. Taber die Frage: „Wie sehen diese unerreichten Volksgruppen aus?" Er führt weiter aus: „Damit sind nicht winzige und einheitliche Volksgruppen gemeint, ähnlich den entlegenen Dschungelstämmen, sondern hier handelt es sich vielmehr um klar abgrenzbare Untergruppen innerhalb schon gründlich missionierter Gesellschaftsgruppen oder um Gruppen, die in einer früheren Generation oder in einem anderen Jahrhundert missioniert wurden. Unter ihnen befinden sich z. B. viele Kirchgänger aus den reichen westlichen Ländern, die trotz all ihrer Kirchlichkeit nie das Evangelium klar und deutlich gehört haben... In der Praxis sind diese Menschen eigentlich genauso wenig erreicht wie die Dschungelstämme oder die in den Ghettos unserer Städte lebenden

* („The Christianity Today-Gallup Poll: An Overview", Christianity Today Vol. XXIII, December 21, 1979, S. 12.)

Menschenmassen."
Der Theologe Reinhold Niebuhr hat uns davor gewarnt, „uns nicht mit der allgemein vorherrschenden Religiosität unseres Volkes zufrieden zu geben. Sehr vieles davon ist einfach eine Verfälschung der christlichen Botschaft."*
Ich möchte gerne aus meiner Erfahrung heraus die Lage wie folgt beurteilen: Angesichts solcher Statistiken, meiner eigenen Erfahrung und unserer Definition des Wortes „säkular", müssen wir da nicht konsequenterweise die Hälfte der amerikanischen Bevölkerung als „säkularisiert" ansehen – als Menschen, die dem Christentum fern stehen?
Ich habe meine Erfahrungen als Missionar unter säkularisierten Menschen gemacht. Ich stehe im Dienst einer christlichen Organisation, die weltweit arbeitet. Meine Freunde, die unter anderen unerreichten Völkern arbeiten, machen ähnliche Erfahrungen wie ich. Ich glaube, daß die gleichen Prinzipien angewendet werden können, wann und wo immer wir unsere Gesellschafts- und Kulturschicht verlassen und versuchen, den Menschen die gute Nachricht zu bringen; und zwar zu den Menschen, die nicht die gleichen Denkvoraussetzungen wie wir haben und bei denen noch keine Vorarbeit geleistet wurde, die eine Tür für das Evangelium geöffnet hätte.
Wir tun uns schwer damit, diese kulturellen Grenzen zu überschreiten. Es findet keine echte Kommunikation statt – wir reden eigentlich nur zu uns selber!
Das Evangelium ist die Kraft Gottes zur Errettung, für heute und für morgen. Nur das Evangelium bietet grundlegende Antworten auf persönliche und gesellschaftliche Probleme. Das Evangelium ist die gute Nachricht, daß Gott durch seine Gnade die Versöhnung all derer, die durch den Sündenfall verdorben waren, möglich gemacht hat (vgl. Röm. 8,19–32).
Wenn das so ist, dann sollten wir uns genau überlegen, wie wir diese Sache andern vermitteln können. Es gibt kein schwierigeres Problem. Eine wirkungsvollere Verkündigung des Evangeliums wird vor allem dadurch beeinträchtigt, daß wir glauben, wir hätten im Grunde die Patentlösung gefunden, wie wir die Verlorenen gewinnen können. Das ist aber nicht der Fall. Wir scheinen genau zu

* (Reinhold Niebuhr, „Religiosity and the Christian Faith", Christianity in Crisis, May 28, 1951.)

wissen, was es bedeutet, jemandem das Evangelium weiterzusagen. Wir denken, daß es jetzt nur noch eine Frage der Zeit, der Mitarbeiter und des Geldes ist, bis diese Aufgabe der Weltmission erledigt ist. Wir haben es aufgegeben, nach wirkungsvolleren Ansätzen zu suchen.

Bei meinen Bemühungen, das Evangelium über kulturelle und sprachliche Grenzen hinweg zu den Menschen zu bringen, habe ich etwas Gutes gelernt; nämlich, daß bei diesem Versuch meine unantastbarsten Lieblingsideen über den Haufen geworfen wurden. Nur wenige meiner bewährten Methoden überlebten diese Grenzüberschreitung. Und diese wären auch besser auf der Strecke geblieben. Als mir dann kaum mehr etwas blieb, entdeckte ich meine Unkenntnis, die unterschwellig schon lange dagewesen war. Das war eine außerordentlich wertvolle Erfahrung. Denn, wenn man endlich aufwacht und merkt, daß man nichts weiß, kann man erst anfangen, etwas Neues zu lernen.

Während der letzten Jahre habe ich mich mit der Frage befaßt, wie beweglich wir bei der Verkündigung des Evangeliums eigentlich sind. Viele meiner Fragen blieben unbeantwortet (unter anderem einige von denen, die ich hier aufführe). Aber ich habe genug gelernt, um zu erkennen, daß ich manchmal einige wichtige biblische Wahrheiten außer acht gelassen habe. Deswegen waren diese Jahre von dem Forschen nach Antworten geprägt. Ich möchte Sie gerne in diese Suche mit hineinnehmen, damit wir gemeinsam dazu beitragen können, daß mehr Menschen mit dem Evangelium erreicht werden.

Hierzu einige Fragen, denen ich mich gestellt habe:

Wie sieht die Welt, in der wir leben, eigentlich aus? Sind wir wirklich vertraut mit ihr? Verstehen wir, was in den Köpfen der Leute um uns her vor sich geht? Sind wir uns dessen bewußt, wohin die moderne Philosophie den Menschen von heute gebracht hat? Wissen wir, wo er gefühlsmäßig steht? Wie steht es mit der Säkularisierung? Kennen wir das Ausmaß der Säkularisierung in unserer näheren Umgebung? Wie verständigen wir uns mit den säkularisierten Menschen? Ist eine Verständigung überhaupt möglich? Was macht eine echte Kommunikation aus? In welcher Weise müssen wir die unterschiedlichen Denk- und Lebensweisen berücksichtigen, wenn wir Christus bezeugen? Wann können wir wissen, daß wir das Evangelium wirklich vermittelt haben? Wer trägt die Verantwortung, wenn wir in der Kommunikation versagen? Wie gehen wir eigentlich auf unsere Zu-

hörer ein?
Was meinte Jesus, als er sagte, daß das Evangelium „jeder Kreatur" und „in der ganzen Welt" gepredigt werden soll? Bis zu welchem Grad haben wir diesen Auftrag erfüllt? Haben wir ihn schon erfüllt, wenn wir jemandem lediglich die Bedingungen des „Vertrages" erklärt haben oder geht es hier nicht um viel mehr? Sind „evangelisieren" und „ernten" synonyme Begriffe?
Was meinte Jesus, als er uns sagte, daß wir „in der Welt" leben sollen? Wie können wir andererseits befolgen, „gehet aus ihrer Mitte" (2. Kor. 6,17)?
Wie könnte ein ausgewogenes Verhältnis zwischen einem Engagement in der Welt und der Absonderung von ihr aussehen? Leben wir in der Welt, so wie Jesus das von uns wollte, oder haben wir uns in ein Ghetto zurückgezogen? Was ist mit den großartigen Dingen, die heute in der Kirche geschehen: Großevangelisationen, Konferenzen, riesige Kirchen der Superlative? Können wir es nicht doch mit genügend Zeit und Leuten schaffen, die Befehle Christi auszuführen? Werden unsere Programme und Institutionen den Mangel ausfüllen können? Wenn nicht, was fehlt uns dann?
Wer sorgt für das Fortschreiten der christlichen Botschaft in der Welt? Ist es eine realistische Erwartung, daß sich hier jeder Christ einbringen soll? Oder laden wir den Gläubigen falsche Schuldgefühle auf? Ist die persönliche Evangelisation die Lösung? Was ist die Aufgabe der Kirche dabei? Ist persönliche Evangelisation nur etwas für ein paar Begabte?
Als ich nach Antworten auf diese Fragen suchte, erkannte ich, daß die christliche Mission viel komplizierter und vielschichtiger ist, als wir zugeben wollen. Unser geringer Erfolg darin, uns über die Grenzen verschiedener Denkweisen und Kulturen verständlich zu machen, zeigte mir, daß wir gewisse, wichtige biblische Wahrheiten bei der Verkündigung des Evangeliums in der Welt übersehen haben müssen. Wir haben ein so begrenztes Verständnis von Evangelisation, daß wir heute von einer säkularisierten Welt umgeben sind. Wir haben uns dermaßen an sie gewöhnt, daß wir manchmal gar nicht merken, daß es sie gibt. Wir schaffen es nicht, uns gegenüber säkularisierten Menschen verständlich zu machen.
Das mag heute so sein, aber es muß nicht so bleiben. Es ist möglich, den verschiedensten Leuten das Evangelium mit Erfolg weiterzusagen. Aber, um das tun zu können, müssen wir zunächst besser ver-

stehen lernen, was uns die Bibel über das Evangelisieren lehrt. Es ist das Ziel dieses Buches, Christen wachzurütteln, damit sie anfangen, die vielen Menschen in ihrer Umgebung zu sehen, und damit sie auf einige biblische Wahrheiten, die bis jetzt vernachlässigt wurden, aufmerksam werden. Wir werden noch näher darauf eingehen, daß es von der Bibel her hauptsächlich zwei Möglichkeiten gibt, wie das Evangelium weitergesagt werden kann:

1. Das Verkündigen oder Bekanntmachen des Evangeliums; eine Tätigkeit, durch die der Nichtchrist ganz klar mit den wesentlichen Inhalten der Botschaft konfrontiert wird.
2. Die Bekräftigung oder Darstellung des Evangeliums: ein langwieriger Prozeß – wir erklären und gestalten die christliche Botschaft mit unserem ganzen Leben, durch unser gelebtes Zeugnis.

Wir werden noch sehen, daß beide Methoden gleich wichtig sind, wenn wir alle Bevölkerungsschichten erreichen wollen. Aber beide Evangelisationsmethoden haben auch ihre Grenzen. Wir sind vertrauter mit der ersten Art der Evangelisation und haben sie als die umfassende verstanden, obwohl sie doch eigentlich nur als Anfangsphase zu werten ist. In der Vergangenheit haben wir den Schwerpunkt auf die Verkündigung gelegt und haben die Botschaft zu wenig durch ein gelebtes Zeugnis bekräftigt und erklärt. In unserer Gesellschaft lassen sich viel mehr Menschen mit dem Evangelium erreichen, als wir denken – obwohl diese Menschen vielleicht nicht gleich Christen werden. Es ist höchste Zeit, daß wir Gott vertrauen, daß er mehr Menschen als bisher aus dem Reich der Finsternis herausrettet. Das ist möglich, wenn wir bereit sind, umzudenken.

2. Schlimmes Erwachen

Sind wir geduldig genug?

Osvaldo war einer der ersten Brasilianer, mit denen ich über Christus sprach. Das war ein unvergeßliches Erlebnis. Als ich Osvaldo kennenlernte, arbeitete er als Chemiker in der Industrie. Wir kannten uns durch seinen Bruder, mit dem ich intensives Bibelstudium machte. Osvaldo wollte wissen, was wir eigentlich da machten, denn er konnte sich nicht vorstellen, daß sein Bruder sich mit irgendwelchen religiösen Dingen beschäftigen könnte. Sein Bruder sei kein religiöser Typ. Als ich Osvaldo zu mir zum Essen einlud, nahm er deshalb die Einladung gerne an.

Unser Gespräch begann damit, daß Osvaldo fragte, warum wir in Brasilien lebten; er wollte auch wissen, was sich eigentlich zwischen seinem Bruder und mir abspielte. Am besten konnte ich seine Fragen beantworten, indem ich ihm das Evangelium erklärte. Ich nahm ein Stück Kreide, eine Bibel und benutzte den Holzfußboden als Tafel. Während der nächsten zwei Stunden zeichnete ich ihm etwas auf, was ich oft und gerne benutzte, um jemandem die Botschaft des Evangeliums zu erklären. Ich war ziemlich zufrieden mit meiner Leistung. Als ich fertig war, lehnte ich mich zurück, um zu beobachten, wie Osvaldo reagieren würde. Ich war sicher, daß er kurz davor stand, Buße zu tun und Christ zu werden.

Statt dessen schaute er zuerst meine Zeichnung und dann mich an. Er war ziemlich verblüfft. „Wollen Sie mir weismachen, daß sie deswegen den langen Weg nach Brasilien zurückgelegt haben, um das hier den Leuten zu erzählen?« fragte er mich.

In seinen Augen schien das, was ich ihm erzählt hatte, völlig belanglos und unwichtig zu sein. Ich erkannte in diesem Augenblick, daß es sich hier um Verständigungsschwierigkeiten handelte, die ich vorher nie bedacht hatte. In meiner Vorstellung hatte ich „evangelisieren" immer mit „ernten" gleichgesetzt. Aber hier lag jetzt ein Brachfeld vor mir. Hier mußte erst gepflanzt, bewässert und bebaut werden, bevor ich darauf hoffen konnte, ernten zu können.

Ich lud Osvaldo ein, mit mir zusammen in der Bibel zu lesen. In den nächsten drei Monaten trafen wir uns mehrmals in der Woche, um das Johannesevangelium zu lesen. Es war ganz deutlich zu sehen, wie er von einem freien humanistisch philosophischen Denken dazu kam, Christus Glauben zu schenken und sich ihm schließlich zu unterwerfen.

Dieser Weg, jemanden anhaltend mit der Schrift zu konfrontieren, wurde für mich zum Verhaltensmuster. Ich fand bald heraus, daß hier in Brasilien Leute zum Glauben fanden, die ich in den USA als gleichgültig und als unerreichbar abgeschrieben hätte. Ich merkte auch, daß diese neuen Christen sich nach einer längeren Zeit eingehender Beschäftigung mit der Bibel bekehrt haben, anschließend weniger geistliche Schwierigkeiten hatten. „Geistliche Todesfälle" waren selten. „Und etliches fiel auf gutes Land und ging auf und wuchs und brachte Frucht und trug dreißigfältig, sechzigfältig und hundertfältig" (Mark. 4,8).

Mein Verständnis vom Evangelisieren hatte sich erweitert und schloß nun auch das Pflanzen, Bewässern und Bearbeiten, sowie auch das Ernten ein. Ich begriff, daß das Evangelisieren ein langwieriger Prozeß ist. Wenn wir jemand innerhalb eines oder zweier Gespräche zu einer Entscheidung für den Glauben an Christus bringen, dann können wir sicher sein, daß in diesem Leben schon Vorbereitung durch andere stattgefunden hat, bevor wir überhaupt auf den Plan traten. Das meint Jesus, glaube ich, wenn er zu den Jüngern in Johannes 4,36–38 sagt:

> *Schon empfängt Lohn, der das schneidet und sammelt Frucht zum ewigen Leben, auf daß sich miteinander freuen, der da sät und der da schneidet. Denn hier ist der Spruch wahr: „Dieser sät und der andere schneidet", ich habe euch gesandt zu schneiden, was ihr nicht gearbeitet habt. Andere haben gearbeitet und ihr seid in ihre Arbeit gekommen."*

Gott benutzt viele Dinge, um die notwendigen Vorbereitungen zu treffen: Menschen, Umstände und Ereignisse.

Einige der entscheidenden Schritte auf diesem Weg kann nur Gott tun. Dazu gehört unter anderem die Gotteserkenntnis, die ins Herz jedes Menschen gepflanzt wird (vgl. Röm. 1,20). Gott hat außerdem sein Gesetz in die Herzen der Menschen geschrieben und gleichzeitig ihr Gewissen geschärft und ihnen ein Gefühl für Schuld gegeben (vgl. Röm. 2,14+15).

Manchmal benutzt er politische Ereignisse. Unter der Herrschaft des Königs Josia wurde das Gesetzbuch im Tempel wieder gefunden, und Josia führte sein Volk zu einer Erweckung (2. Könige 22,8ff.). Wirtschaftliche Ungewißheit, politische Umwälzungen, Revolutionen, die die Gewohnheiten und Wertvorstellungen eines normalen Lebens umwerfen – alle diese Ereignisse können dazu dienen, daß Menschen aus dem Reich der Finsternis in das Reich des Lichtes herausgerettet werden. Sogar zufällige Bemerkungen können hier eine entscheidende Rolle spielen. Ein Freund, der früher Buddhist war, beschreibt seine Bekehrung zu Christus und weist zurück auf eine Bemerkung seiner Mutter während eines buddhistischen Gottesdienstes, die dann zum auslösenden Moment wurde. Diese Bemerkung hatte bewirkt, daß er eine Suche begonnen hat, die ihn schließlich zu Christus führte. Seine Mutter hatte sich laut gefragt, warum der „wahre Gott" als letzter und nicht in vorderster Reihe auf dem Regal der verschiedenen Götter im Tempel stand. Diese Frage seiner Mutter hatte er nie vergessen. Ihre Bemerkung bereitete ihn vor, die christliche Botschaft mit offenem Herzen anzunehmen. Gott bedient sich einer unendlichen Vielfalt von Wegen und Mitteln, um den Samen des Evangeliums bei uns auszusäen und uns von Unwissenheit und Rebellion zum Glauben zu führen. Das augenfälligste und bei weitem das wirksamste Vorbereitungsmittel ist eine gefestigte christlich geprägte Familie – dort aufzuwachsen, wo die Grundlagen des christlichen Glaubens zu Hause und in der Gemeinde praktiziert und gelehrt werden. Wenn jemand eine solche Erziehung genossen hat, ist der Boden reif zur Ernte. Christlich geprägte Menschen gibt es noch in großer Zahl an vielen Orten der Welt. Bei solchen Menschen kann man beim Ernten sehr ermutigende Erfolge erzielen. Aber das kann dazu führen, daß wir uns in der falschen Sicherheit wiegen, daß die ganze Welt auf der gleichen Stufe steht und in der gleichen Weise vorbereitet ist. Dabei können wir leicht vergessen, daß das Evangelisieren in Wirklichkeit ein Prozeß ist.

Das war jedenfalls meine Erfahrung. Meine ersten Versuche, Menschen für Christus zu beeinflussen, beruhten auf solch einem falschen Konzept für Evangelisation. Als junger Christ hatte ich es mir zur Gewohnheit gemacht, ziemlich viel Zeit dafür zu verwenden, die Schrift zu studieren und über das Gelesene nachzudenken. Das hat sich offensichtlich auf mein Leben sehr positiv ausgewirkt. Ich war ganz begeistert über das, was an mir geschah. Aber im Laufe der Zeit wurde ich immer unruhiger, denn ich wußte, daß von jedem Christen, der Jesus ernsthaft nachfolgen will, erwartet wird, daß er seinen Glauben bezeugt. Der bloße Gedanke, ein Zeugnis sagen zu müssen, lähmte mich mit Furcht und ich konnte mich nicht überwinden, meinen Mund aufzutun.

In meiner Vorstellung hatte sich eine Karikatur dessen festgesetzt, was einen „guten Zeugen" ausmacht. Zum Teil wurde dieses Bild davon beeinflußt, wie ich mir den Apostel Paulus vorstellte: er predigte auf dem Areopag, auf dem Marktplatz oder redete mit einer römischen Wache. In unsere heutige Zeit übertragen, stellte ich mir unter einem guten Zeugen so eine Art guten Geschäftsmann vor, der unerschrocken ist, auf andere zugeht, furchtlos gegenüber Fremden ist. Aber meine Welt war voller fremder Menschen und ich hatte Angst vor ihnen. Ich kam zu dem Schluß, daß mir „diese Gabe nicht gegeben ist" und versuchte nicht mehr an das Evangelisieren zu denken.

Aber das gelang mir auch nicht. Eine innere Spannung war immer noch da. Ich *wollte* das Evangelium weitersagen. Mehere Male ließ ich einfach alles stehen und liegen, was ich gerade tat, setzte mich in mein Auto und fuhr an die Universität von Minnesota, wo ich studierte, und wollte dort unbedingt jemandem von Christus erzählen. Ich machte mehrere solch heimliche Fahrten, sprach aber nie mit irgend jemandem.

Schließlich habe ich meine Schwierigkeiten einem reiferen Christen eröffnet, von dem ich wußte, daß er ein fruchtbarer Zeuge war. Daraufhin nahm mich dieser Freund mit auf das Universitätsgelände, wo ich ihm zusah, wie er einen ganzen Nachmittag Gespräche anknüpfte, die in Gelegenheiten zur Darlegung des christlichen Glaubens mündeten. Aus meiner Angst wurde Begeisterung, als ich entdeckte, daß persönliches Zeugnisgeben doch möglich ist. Diese Erfahrung war ein entscheidender Durchbruch.

In den darauffolgenden Monaten habe ich allen meinen Freunden meinen Glauben bezeugt. Einige wurden Christen, andere nicht. Während ich in die Leute drang und sie beschwor, sich für Christus zu entscheiden, wurden meine Beziehungen zu denen, die diesen Schritt nicht tun wollten, sehr gespannt. Bald hatte ich alle meine Freunde in zwei Lager aufgeteilt. Aber das machte mir nichts aus, denn ich hatte meine Frustrationen überwunden. Ich dachte sogar, daß ich damit meine geistliche Rechtschaffenheit bewies!

Als ich nun keine Freunde mehr hatte, denen ich Christus bezeugen konnte, fing ich an, Studentenwohnheime zu besuchen und ging dort von Tür zu Tür. Ich ging zu Veranstaltungen von Studentenverbindungen und besuchte Militärkasernen. Daraufhin haben sich einige Leute bekehrt, aber die „Geburtsrate“ war beinahe so hoch wie die „Sterberate“. Das Gleichnis vom Säemann bot mir eine willkommene Erklärung für diese schlechten Ergebnisse: ein schlechter Boden – es war ihre Schuld, nicht meine. In dieser falschen Gesinnung sprach ich in Brasilien mit Osvaldo.

3. Unser missionarischer Übereifer

– Sind wir zu sehr erfolgsorientiert?

Vor einigen Jahren besuchte uns ein guter Freund in Curitiba, Brasilien. Er war seit 10 Jahren Missionar und hatte reichlich Erfahrung bei der Vorbereitung und Durchführung von evangelistischen Veranstaltungen in Großstädten gesammelt. Er und sein Team gingen z. B. in eine Stadt, ließen alle Pastoren dieser Stadt zusammenkommen und schulten innerhalb von 3–6 Monaten Seelsorger, bereiteten die Nacharbeit vor und machten andere wichtige Vorbereitungen für diese Großevangelisationen.
Wir saßen in seinem VW-Bus, als er mir folgendes erzählte: „Ich werde es noch ein einziges Mal versuchen. Ich mache diese Arbeit jetzt schon 10 Jahre lang und habe bis jetzt noch keinen bleibenden Erfolg bei meinen Bemühungen gesehen. Wir organisieren eine Evangelisation und es entscheiden sich viele für Christus. Pastoren der Ortsgemeinden geben bewegende Zeugnisse davon, daß ihre Kirchen verwandelt wurden. Aber dann ist alles wieder vorbei. Wenn wir drei Monate später noch einmal an diesen Ort kommen, dann ist keine Spur davon mehr zu sehen, daß wir überhaupt einmal dort waren. Wenn es nach meinem nächsten Versuch nicht anders wird, werde ich aufgeben, in die USA zurückkehren und ins Geschäftsleben einsteigen."
Das tat er dann auch! Solch frustrierende und ernüchternde Resultate kommen daher, daß wir versuchen, dort zu ernten, wo die Menschen nicht oder kaum vorher „bearbeitet" wurden. Lassen Sie mich ein paar Beispiele für die Grenzen geben, die ein solches Ernten-Wollen unserem evangelistischen Zeugnis steckt.
Vor ein paar Jahren kam die Idee der „Totalen Evangelisation" auf. Peter Wagner schreibt in seinem Buch „Frontiers in Missionary Strategy" (Grenzen der Missionsstrategie), daß diese Form der Evangelisation erreichen möchte daß jedem Volk aus jedem Land, jeder Gesellschaftsschicht, jeder Familie und jedem einzelnen das Evangelium in mündlicher und schriftlicher Form angeboten wird... Diese Durchdringung der Welt mit dem Evangelium hat das Ziel, jeden Gläubigen zu motivieren und ihn zu schulen, ein aktiver

und wirksamer Zeuge für Christus zu werden."*

Das sind mitreißende Ziele. Ich könnte leicht mein Leben dafür einsetzen, wenn sie nur realistisch wären!

Viele evangelistische Großeinsätze mit diesem Ziel solcher „totaler Durchdringung" wurden an verschiedenen Orten Lateinamerikas und überall in der Welt durchgeführt. Aber Untersuchungen von verschiedenen Missionswissenschaftlern über die Effektivität solcher Einsätze haben gezeigt, daß solche Evangelisationen nur wenig oder kaum dauerhaftes Wachstum bringen. Wagner zitiert Dr. George Peters vom Dallas Theological Seminary, der zu dem Schluß kam, daß es aufgrund der Berichte und Statistiken in den Jahren nach solchen Großevangelistationen in den meisten Kirchen zu keinem nennenswerten, meßbaren Gemeindewachstum gekommen ist."

In der Tat zeigt Wagner auf, daß die Kirchen *vor* diesen „gründlichen" Bemühungen mehr Gemeindewachstum verzeichneten. Er bringt ein Beispiel aus Bolivien: „Der Prozentsatz des jährlichen Wachstums von sieben zusammenarbeiteten Kirchen... war größer in dem Jahr vor dieser Großevangelisation als in den zwei darauffolgenden Jahren."**

In jedem Land waren für diese Großevangelisationen alle Kräfte erfolgreich mobilisiert worden, aber am Ende fiel doch alles in sich zusammen. Warum? Wagner erklärt: „Zum einen, weil die meisten Leute, die mitgemacht haben, am Ende total erschöpft waren. Dieses Mammutprogramm raubte den Mitarbeitern die letzten Kraftreserven. Einige konnten ihren normalen Beschäftigungen nicht mehr nachgehen... und mußten anschließend einen riesigen Berg von Arbeit nachträglich bewältigen. Einige haben ihre Ferien verschoben und haben dann gemerkt, daß sie doppelt soviel Ferien benötigten... Einige Leiter litten am Ende an einer „evangelistischen Verstopfung", und es dauerte ein ganzes Jahr, bis sie sich wieder erholten.***

Dr. Win Arn, Präsident des „Institute for American Church Growth" (Institut für amerikanisches Gemeindewachstum), untersuchte die Ergebnisse kürzlich stattgefundener, evangelistischer

* C. Peter Wagner, Frontiers in Missionary Strategy, Chicago, Moody Press, 1971, S. 135.

** Wagner, ebenda, S. 143

*** Wagner, ebenda, S. 159–160

Großeinsätze. Diese Untersuchung wurde in der Zeitschrift „Church Growth: America" veröffentlicht. Typische Ergebnisse sahen wie folgt aus: 140 Leiter geschult, 7200 getätigte Telefonanrufe, Material an 1987 Personen verteilt, 525 Entscheidungen für Christus, 72 sind interessiert daran, ein Bibelstudium anzufangen (20 davon werden neue Gemeindemitglieder, von diesen 20 hatten 16 schon vorher irgendeinen Kontakt zur Gemeinde).*

Diese Ergebnisse wurden in einer nordamerikanischen Stadt des Mittleren Westens erzielt, einer Stadt in einer „christlichen" Gegend. In Gegenden mit weniger vorbereiteten Leuten würde ich noch schlechtere Ergebnisse erwarten. Natürlich kann man den Erfolg nicht ausschließlich an der Gemeindezugehörigkeit messen, und ich stelle auch den Wert dieser evangelistischen Arbeit nicht in Frage – es wurden ja Erfolge erzielt.

Diese Form des evangelistischen Großeinsatzes erfordert jedoch einen riesigen Arbeitsaufwand und Verwaltungsapparat, um die Arbeit bewältigen zu können – und trotzdem bringt sie nur enttäuschende Ergebnisse! Das wird immer so sein, wo immer wir uns beim Evangelisieren unter nicht vorbereiteten Menschen aus missionarischem Übereifer nur auf das Ernten versteifen.

Da, wo Ortsgemeinden mit riesigen evangelistischen Einsätzen säkularisierte Menschen erreichen wollen, kommt es nur zu geringen Erfolgen. Eine sehr erfolgreiche Gemeinde in Minneapolis hat unlängst ein Marktforschungsinstitut beauftragt, eine Umfrage unter den 200000 Menschen im direkten Umkreis der Kirche zu machen. 86% wußten überhaupt nicht, daß es diese Kirche gab, obwohl sie an einer Hauptverkehrsstraße liegt und schon von weitem zu sehen ist. Nur 7% dachten an die Möglichkeit, irgendwann einmal in diese Kirche zu gehen.

Ein anderer Pastor aus Minneapolis faßte die Ergebnisse seines sechsjährigen Dienstes in einer evangelikalen Gemeinde von 350 Mitgliedern zusammen: Während dieser 6 Jahre kamen von 159 neuen Mitgliedern 117 aus anderen Gemeinden. 36 davon waren Kinder von Gemeindegliedern, und es blieben nur sechs übrig, die neu bekehrt waren.

Das gleiche Problem zeigt sich auch bei der Evangelisation in klei-

* Win Arn „A Church Growth Look at ‚Here's Life America'", Church Growth: America, January-February 1977, S. 7.

nerem Stil und sogar bei der persönlichen Evangelisation von Mann zu Mann. Ich könnte dieses Buch mit Berichten von meinen eigenen Erfahrungen auf diesem Gebiet füllen und von denen anderer Leute, die ich beobachtet habe: sie haben sich voll und ganz auf die Verkündigung verlassen, was aber nur zu dürftigen und kurzlebigen Erfolgen geführt hat.
Ich will hier nicht bloß kritisieren. Wir sollten dafür dankbar sein, wann immer das Evangelium in irgendeiner Form weitergesagt wird. Ich meine nur, daß wir anders vorgehen müssen, wenn wir die unerreichten Gruppen unserer Bevölkerung wirklich mit dem Evangelium erreichen wollen.

Grenzen der Verständigung

Dr. Ralph Winter, Direktor des amerikanischen Zentrums für Weltmission, sagte einmal: „In der zweiten Generation tauchen automatisch Namenschristen auf und sie scheinen sich überall wie ein ‚Hefekranz' um die Gemeinde zu legen, wodurch die engagierten Christen davon abgehalten werden, die nichtchristliche Welt jenseits dieses Hefekranzes zu erreichen."* Mit anderen Worten: Er stellt die Behauptung auf, daß wir unsere evangelistischen Kräfte auf unseren engen Kreis verschwenden – auf die Namenschristen um uns her. Könnte das der Fall sein?
Vor einigen Jahren wurde ich mißtrauisch, was die Wirksamkeit unserer Verständigung mit den säkularisierten Menschen angeht. Ich versuchte die Frage zu beantworten: wen erreichen wir eigentlich mit unseren evangelistischen Bemühungen? Ich entdeckte bald, daß dies sehr schwer zu beantworten ist. Einerseits sind wir nicht daran gewöhnt, in diesen Kategorien zu denken. Andererseits ist es schwierig, genaues Zahlenmaterial zum Stand des Christentums zu bekommen. Deswegen habe ich mir einen einfachen Test ausgedacht, der wenigstens offenbaren würde, welche Ergebnisse meine Mitarbeiter auf diesem Gebiet erzielt haben. Nach meiner Schätzung sieht etwa die Hälfte der amerikanischen Bevölkerung das Christentum nicht als die Grundlage ihrer persönlichen Lebensphilosophie an. Wenn sie sagen sollen, welche Religion ihnen am meisten liegt,

* Ralph Winter, „Who are the three Billion?" Part II, „Church Growth Bulletin" (July 1977), S. 139–144.

würden sie sich wahrscheinlich für das Christentum entscheiden, aber in ihrem alltäglichen Leben ist das ohne Bedeutung. Wenn wir diese unerreichte Hälfte der Bevölkerung wirkungsvoll erreichen würden, sollten, wie mir scheint, diese Neubekehrten doch irgendwo in der Gemeinde Christi auftauchen. Deshalb habe ich eine Frage formuliert, die ich über Jahre hinweg meinen christlichen Zuhörern bei jeder Gelegenheit gestellt habe.

Ich habe diese Frage in Gemeinden, Bibelschulen, Konferenzen und christlichen Studentengruppen gestellt. Mich interessierten besonders die Studentengruppen, weil hier sowohl religiös vorgeprägte als auch säkularisierte Menschen zusammenkommen.

Meine eigene Organisation, die Navigatoren, betont das „Heranbilden von eigenen Jüngern", indem sie die Verlorenen zu gewinnen sucht und die Neubekehrten in der Jüngerschaft schult. Deswegen beginnt jede Navigatorenarbeit vor Ort mit Evangelisation. Aus verständlichen Gründen war ich sehr daran interessiert, an ihren Veranstaltungen teilzunehmen, da hier neubekehrte Christen, die durch persönliche Evangelisation gewonnen wurden, zu finden sind. Ich wollte herausfinden, woher diese neuen Christen kamen. Hatten sie einen kirchlichen Hintergrund oder kamen sie aus der „Welt"? Sind einige von ihnen in einer säkularisierten Welt groß geworden? Die Frage, die ich stelle, lautet: „Wie viele von euch sind von einer christlichen Tradition geprägt? Oder wie viele von euch sind von einem bestimmten Zeitpunkt ihrer Jugend an nicht regelmäßig zur Kirche gegangen?"

Ich ging davon aus, daß ihre Antworten ziemlich schnell die Zuhörerschaft in zwei Lager teilen würde, die religiös vorgeprägten und die säkularisierten. Wenn ich diese Antwort mit meiner Einschätzung des nationalen Querschnitts (die eine Hälfte säkularisiert, die andere hat einen frommen Hintergrund) vergleiche, würde ich mir einen Begriff davon machen können, wie wirkungsvoll unsere Arbeit unter den säkularisierten Menschen ist. Bis auf einige wenige Ausnahmen kam ich zu dem Ergebnis, daß ungefähr 90% der Menschen in unseren christlichen Kreisen schon vorher religiös geprägt waren. Ganz selten habe ich eine Gruppe gefunden, in der mehr als einer von zehn aus einem säkularisierten Milieu kam. Mit anderen Worten, ungefähr 90% der aktiven Christen an unseren Universitäten sind aus dieser einen Hälfte der Bevölkerung hervorgegangen, die schon länger mit der Religion konfrontiert gewesen war, während nur etwa 10% aus der säkularisierten Gruppe kommen.

Evangelistische Großeinsätze

Vor ein paar Jahren hatte ich Gelegenheit, diese Dinge mit Charlie Riggs aus dem Billy Graham Team zu besprechen. Riggs war schon mehr als 20 Jahre Mitarbeiter des Graham Missionsteams und in dieser Zeit hauptsächlich für die Nacharbeit verantwortlich.
Ich fragte ihn, was für eine Art von Leuten vor 10 Jahren bei den Evangelisationen von Billy Graham zum Glauben kamen. Woher kamen sie? Dann fragte ich ihn, was für Leute denn heute zum Glauben kommen. Er erklärte mir, daß zu Beginn ihrer Arbeit die Leute, die sich entschieden haben, aus „den liberalen Kirchen kamen, wo sie das Evangelium nicht hören konnten". Aber heute seien mehr als 90% der Neubekehrten aus „unseren evangelikalen Gemeinden".
Ich fragte ihn, wann sich denn das Blatt gewendet habe und wie er diese Veränderung interpretieren würde. Er antwortete, daß diese merkliche Verschiebung in der Mitte der 60er Jahre stattgefunden habe. Er sei der Meinung, „der Baum ist abgeerntet". Mit anderen Worten, die Masse der Fernstehenden, die bereit waren, auf die Verkündigung des Evangeliums zu hören, wäre inzwischen erreicht!
Das positive Ergebnis, daß Leute mit dem Evangelium erreicht wurden, soll nicht geschmälert werden. Aber wir können es uns nicht erlauben, zu denken, daß – selbst in Nordamerika – jedem Menschen das Evangelium schon vollständig weitergesagt worden ist. Kommunikation erfordert immer zweierlei: einen Redner und einen Hörer. Die Leute hören zwar zu, aber sie verstehen bei weitem nicht alles, was wir ihnen sagen. Daher müssen diejenigen unter uns, die das Evangelium weitersagen, dies auf ansprechendere Weise tun.

Schlußfolgerungen

Ich gebe offen zu, daß ich hier nicht sehr wissenschaftlich vorgehe und daß meine Ergebnisse viele Ausnahmen zulassen. Aber ich muß es jemand anderem überlassen, der qualifizierter dafür ist, diesem Thema genauer nachzugehen.
Da meine Zahlen eher ungenau sind, dafür aber wachrütteln wollen, wollen Sie jetzt vielleicht selber prüfen, wie Sie diese Zahlen auf Ihre Situation übertragen können. Das sollte nicht allzu schwierig sein.

Vergleichen Sie einfach das religiöse Profil Ihrer Stadt und Ihrer Umgebung mit der Situation Ihrer Ortsgemeinde. Wie verhält sich Ihre Gemeinde bei der Erreichung von säkularisierten Menschen? Was kann uns all dies lehren? Wenn 90% unserer Frucht nur aus der einen Hälfte der Bevölkerung kommt, die sowieso schon bis zu einem gewissen Grad zu uns gehörte, dann stehen wir vor einem echten Kommunikationsproblem in bezug auf die andere Hälfte. Das bedeutet, daß wir die Grenzen der verschiedenen Denk- und Lebensweisen überschreiten müssen, um diejenigen mit dem Evangelium zu erreichen, die aus einer nichtchristlichen, säkularen Welt kommen.

Wir sollten uns nicht der Illusion hingeben, daß wir unseren Auftrag, das Evangelium weiterzugeben, schon effektiv erfüllt hätten. Und wir sollten auch nicht meinen, daß wir, wenn wir nur so weitermachen wie bisher – und uns sogar noch mehr anstrengen – unsere Welt erreichen werden. Das erfordert sehr viel mehr. Unsere Evangelisationsmodelle und -methoden müssen sich radikal ändern.

Als das Billy Graham Team zu Beginn der 70er Jahre einen Evangelisationskongreß vorbereitete, veröffentlichten sie eine Erklärung, die die Ziele des Kongresses zusammenfaßte. Das Magazin „Church Growth Bulletin" veröffentlichte diese Erklärung unter dem Titel: „Billy Grahams neue Sicht für die Zukunft".* Der Artikel spricht Projekte an, die vorsehen,

> *„... daß zuerst einmal ein früher übersehenes, schwieriges Problem in Angriff genommen werden soll: die meisten der unerreichten Völker der Welt (mindestens eine Milliarde Menschen) leben nicht in dem normalen evangelistischen Umfeld irgendeiner Kirche. Diese Tatsache ist überraschend, da wir wissen, daß es heute in jedem Land der Welt christliche Kirchen gibt. Das Problem liegt darin, daß herkömmliche evangelistische Einsätze einfach nicht wirksam genug sind angesichts der unüberbrückbaren Schranken, die durch ethnische, kulturelle und soziale Unterschiede bedingt sind. Es ist eine schlimme Tatsache, daß die Kirchen der USA und der ganzen Welt, die geographisch diesen noch nicht mit dem Evangelium erreichten Menschen oder ethnischen Gruppen am nächsten stehen, oft kulturell oder emotional am weitesten*

* „Billy Graham's New Vision", Church Growth Bulletin (Nov. 1972), S. 278.

von ihnen entfernt sind... Diese erstaunliche, neue Sicht hat die Illusion vieler Christen zerstört, daß die Welt gewonnen werden kann, wenn sich die weltweite Kirche nur darum bemüht, den Menschen, mit denen sie normalerweise in Berührung kommt, das Evangelium weiterzusagen."

Was mich am meisten in Verbindung mit dieser Erklärung beunruhigte, war die Tatsache, daß dem Verfasser des Artikels das alles ganz neu erschien!

Schlußbemerkung

Unsere Unfähigkeit, das Evangelium weiterzusagen, wirkt sich auch direkt auf die Durchschlagskraft unserer Weltmission aus. In einem kürzlich veröffentlichten weltweiten Bericht einer christlichen Missionsgesellschaft, die in mehr als 30 Ländern arbeitet, wurde festgestellt, daß 87% der durch sie erreichten Leute aus einem protestantischen Milieu stammten!

Wahrscheinlich müssen wir es einfach zuerst einmal lernen, uns mit den säkularisierten Menschen unserer Kultur wirklich zu verständigen, bevor wir außerhalb unserer Kultur eine echte Durchschlagskraft haben können. Schicken wir Menschen auf das Missionsfeld, die nur unter denjenigen arbeiten können, die die eigenen evangelikalen Voraussetzungen mitbringen?

Wo sind die Apostel für die Heiden unserer Generation?

4. Wirkliche Verständigung

– Verstehen die Menschen unsere Sprache?

In der Mitte der 70er Jahre gingen drei nordamerikanische Ehepaare zusammen als Missionsteam nach Caracas, Venezuela. Die drei Ehepaare hatten schon viel Erfahrung im Missionsdienst. Sie hatten jahrelang an der Basis Evangelisation betrieben und in Universitäten und Gemeinden Jünger herangebildet.
Ihre erste Zielgruppe in Caracas waren die Studenten. Sie verbrachten die meiste Zeit auf dem Universitätsgelände, um dort jedem, der es hören wolle, das Evangelium zu erklären. Sie knüpften Beziehungen, leiteten Bibelgruppen, und versuchten mit allen nur denkbaren Mitteln eine kleine Gruppe von Christen zu gründen, die später mit ihnen zusammenarbeiten sollte.
Caracas ist aus verschiedenen Gründen einzigartig. Es ist reich an Ölvorkommen und es gibt dort viele öffentliche Einrichtungen zum Wohl der Bürger. Venezuela hat eine harte Währung, und es sind genügend Arbeitsplätze vorhanden. Arbeitssuchende aus Europa, Nord- und Südamerika strömen hier zusammen. Jeder kann zu Geld kommen, nur die Armen nicht. Caracas ist zu einer übervölkerten Weltstadt geworden. Es kann sich räumlich nicht weiter ausdehnen, da es von den Anden eingeschlossen wird. In der Geschichte hat sich Caracas immer wieder den Christianisierungsversuchen von seiten der protestantischen und der römisch-katholischen Kirche widersetzt. Aus all dem ist eine zutiefst heidnische Gesellschaft entstanden, die fast ausschließlich nur für materielle Dinge lebt.
Nach einem langen Jahr harter Arbeit, die nur sehr wenig Frucht gebracht hatte, schrieb mir einer der Missionare: „Wir sind alle übereinstimmend der Meinung, daß wir hier ganz neu lernen, was evangelisieren bedeutet. Oder vielleicht lernen wir es zum erstenmal richtig. In den USA war es keine Seltenheit, daß jemand ablehnend reagierte, wenn man ihm Gott verkündigte, ohne gleichzeitig eine Beziehung aufzubauen. Aber hier sieht das ganz anders aus! Hier sagen die Leute meist: ‚Wie schade um dich!‘ Mit anderen Worten, die Studenten in Caracas bedauern es sehr, daß sich sonst ganz vernünftige Leute für solch eine verrückte Sache engagieren.“

In seinem Brief hieß es weiter: „Nur wenige Menschen hier sind davon überzeugt, daß es so etwas wie Sünde gibt. Sie haben keine geistlichen Bedürfnisse, kein Interesse an der Bibel und an dem, was sie zu sagen hat."
Was ist die Ursache? Warum fanden diese Ehepaare nicht dieselbe Reaktion auf das Evangelium, wie sie sie von einer typischen amerikanischen Stadt gewohnt waren? Die Hörer und die Redner trennten Welten. Bedenken Sie, dieses Problem geht nicht nur Missionare an! Jeder Mensch, der irgendwo das Evangelium weitersagen will, hat damit zu kämpfen.

1. Die Hörer

Das geistliche Erbe eines durchschnittlichen Nichtchristen aus Caracas und eines durchschnittlichen Nichtchristen aus Nordamerika oder Europa ist grundverschieden. Nicht jedes Volk der Welt ist in der gleichen Weise vorbereitet, das Evangelium zu hören und anzunehmen.
Zu diesem Thema hat Paulus in seiner Rede auf dem Aeropag einige bemerkenswerte Sätze gesagt. Er behauptete, daß es Gottes Idee war, die Welt in verschiedene Rassen, Sprachen, Kulturen und Nationen zu unterteilen.
Paulus sagte: „Gott, der die Welt gemacht hat und alles, was darinnen ist, er, der ein Herr ist Himmels und der Erde, wohnt nicht in Tempeln mit Händen gemacht; auch läßt er sich nicht von Menschenhänden dienen, als bedürfe er jemandes, da er doch selber jedermann Leben und Odem und alles gibt. Und er hat gemacht, daß von Einem aller Menschen Geschlechter stammen, die auf dem ganzen Erdboden wohnen und hat bestimmt, wie lange und wie weit sie wohnen sollen, damit sie Gott suchen sollten, ob sie wohl ihn fühlen und finden möchten; und fürwahr, er ist nicht ferne von einem jeglichen unter uns" (Abg. 17,25–27).
Da ich lange Zeit meines Lebens mit kulturellen und sprachlichen Schranken zu kämpfen hatte, sah ich diese eher als etwas an, worauf wir hier auch gut verzichten könnten. Daher war es für mich eine erstaunliche Entdeckung, daß Gott diese Sprachbarrieren bewußt eingerichtet hatte und daß er dabei die Versöhnung der Welt im Sinn hatte! Anscheinend sollen diese Schranken als Schutz dienen. Sie sollen den schädlichen Einfluß, den der sittliche Verfall und Nieder-

gang einer Kultur auf die andere Kultur ausübt, verhindern (vgl. 1. Mose 11,1–9).
An diesem Punkt ist es wichtig zu sehen, daß nicht jede Nation oder jedes Volk in gleicher Weise vorbereitet ist. Das wird sicherlich auch die Art unserer Kommunikation beeinflussen: wir müssen damit rechnen, daß die Leute in Caracas, einer uns fremden und säkularisierten Stadt, anders reagieren werden als in einer uns vertrauten Stadt. Wir bemerken diesen Unterschied sehr deutlich, wenn wir ein traditionelles Erweckungsgebiet mit einer unerreichten Stadt wie Caracas vergleichen. Es gibt eine ähnliche Kluft zwischen Christen und Nichtchristen aber auch in amerikanischen Städten – allerdings ist sie nicht so offenkundig.

2. Die Redner

Lassen Sie uns folgendes bedenken: was geschieht, wenn jemand mit allen Mitteln versucht, ein missionarisches Gespräch weiterzuführen, obwohl sein Gegenüber völlig andere Denkweisen und emotionale Prägungen hat als er?
Kürzlich war ich Zeuge eines Gesprächs zwischen einem jungen Missionar und einem nichtchristlichen, südamerikanischen Studenten. Jedes Mal, wenn dieser Missionar versuchte, mit seinen nichtchristlichen Freunden über das Evangelium zu sprechen, hatte er die schmerzliche Erfahrung gemacht, daß sie befremdet und ablehnend reagierten.
Dieses Mal hatte er sich mit einem Freund verabredet, mit dem er schon seit einigen Monaten regelmäßig Fußball spielte. Er bat mich, Zuhörer des Gesprächs zu sein, weil er hoffte, daß ein Außenstehender ihm helfen könnte, zu verstehen, was er falsch macht.
Sein Einstieg war gut. Er erklärte, warum er nach Brasilien gekommen war, nämlich um in einer christlichen Studentenbewegung mitzuarbeiten. Seine Absicht war es, Menschen zu finden, die Interesse daran hätten, gründlich die Bibel zu studieren und darin nach Antworten auf die Fragen des Lebens zu suchen. Dann fuhr er fort: um effektiv vorgehen zu können, müsse er zuerst einmal die Denk- und Lebensweisen der Leute, die er beeinflussen wollte, verstehen. So weit, so gut.
Dann stellte er seinem Freund einige Fragen. Diese wurden zuerst

gut aufgenommen, aber dann landete das Gespräch bald in einer Sackgasse.

Bei den Fragen ging es darum, woran ein Christ im wesentlichen glaubt: Welche Vorstellung hat er von Gott? Wer war Jesus Christus? Was versteht er unter Errettung? Alle diese Fragen beantwortete sein Freund ziemlich schnell – mit vorgefertigten Antworten aus dem Katechismus!

Da mein Freund diese Antworten für bare Münze nahm, war er auch der Meinung, daß er es mit jemandem zu tun habe, der genauso denkt und glaubt wie er. Das war sein erster Fehler. Der zweite ließ nicht lange auf sich warten.

Der Student fragte meinen Freund, wie er denn dieselben Fragen beantwortet hätte. Mein Freund hätte jetzt besser geschwiegen, aber er mißverstand die Frage als eine Gelegenheit zum Zeugnis und ergriff sie. Seine Antwort brachte seiner Meinung nach ganz klar die wesentlichen Aussagen der christlichen Botschaft. Jesus war Gottes Sohn, er starb für unsere Sünden, aus Gnade können wir durch den Glauben mit Gott versöhnt werden usw.

Während mein Freund sprach, beobachtete ich den Studenten. Auf seinem Gesicht zeichnete sich Enttäuschung ab. Er hatte den Katechismus, der ihm gerade vorgebetet worden war, nie wirklich akzeptiert. In der Tat hatte er die Religion seit langem an den Nagel gehängt. Seine Antworten waren wie Versuchsballons. Er mochte diesen Amerikaner und hoffte, daß dieser ihm irgend etwas Neues anzubieten hätte. Aber die feinen Unterschiede zwischen seinem Katechismus und der Lehre dieses Amerikaners waren für ihn nicht erkennbar. Beide, der Sprecher und der Hörer, redeten – ohne es zu wollen – in verschiedenen Sprachen miteinander. Sie benutzten die gleichen Fachausdrücke, aber sie erkannten nicht, daß diese Begriffe für jeden von ihnen eine unterschiedliche Bedeutung hatten. Durch das Gehörte wurde der Student nur noch mehr in seiner negativen Haltung zur Religion bestärkt. Dieser Missionar hatte unbewußt und unwiderruflich dafür gesorgt, daß er in eine bestimmte, religiöse Schublade gesteckt wurde. Anstatt diese Glaubenssätze unmittelbar auszusprechen, hätte er noch mehr Fragen stellen sollen, um sicher zu gehen, daß er wirklich versteht, was sein Freund denkt und glaubt. Er hätte erst in dem Augenblick reden sollen, als er genau wußte, daß sein Freund wirklich bereit war, ihm zuzuhören.

Wenn Menschen wie diese beiden von so unterschiedlichen Ansätzen her kommen, dann ist das Ergebnis oft ebenso. Und weitere Verständigungsversuche ergeben oft, daß sich beide noch weiter voneinander entfernen.* Beide Parteien erkennen oftmals die Unterschiede gar nicht und geben sich der Illusion hin, sich zu verstehen. Wir denken, wir haben die Wahrheit vermittelt. In Wirklichkeit aber werden unsere Worte anhand des Wertsystems unseres Zuhörers umgedeutet.

Das hat zur Folge, daß unser Zeugnis, anstatt einen Einfluß zu haben und Veränderung zu bewirken, einfach nur von unserem Zuhörer in seine persönliche Philosophie eingebaut wird. In Wirklichkeit ist nichts zu ihm durchgedrungen.

Man könnte also sagen, daß die Hauptaufgabe dieses Missionsteams ist, sich erst einmal richtig zu verständigen, damit die Kluft zwischen Rednern und Zuhörern überwunden werden kann. Das erfordert zweierlei: Verstehen der Denkmuster der Zuhörer und Übersetzen der Botschaft des Evangeliums in die Alltagssprache. Die Botschaft dieser Missionare muß übersetzt werden – aus der landesüblichen protestantischen Fachsprache und Verständigungsform – in Formen, die von südamerikanischen Studenten verstanden werden können.

Jetzt fragen Sie sich vielleicht: „Wie sieht das alles im Vergleich zum Neuen Testament aus? Wie können wir das verbinden mit dem einzigartigen Erfolg, den die Urgemeinde der Apostelgeschichte verzeichnete?"

Genau das werden wir im folgenden Kapitel untersuchen.

* Eugene Nidda, Message and Mission, New York, Harper and Brothers, 1960, S. 89–90

II. Teil: Evangelisation durch Verkündigung

5. Verkündigung des Evangeliums

– Biblisch, am Wesentlichen orientiert

Wie erwähnt, kennt das Neue Testament hauptsächlich zwei Formen der Evangelisation. Die erste ist die Verkündigung des Evangeliums. Das ist etwas, was man *mit Worten tut*; den Menschen, die dem Glauben fernstehen, werden die Hauptaussagen der christlichen Botschaft deutlich dargelegt. Dies geschieht meist zu einem bestimmten Zeitpunkt – zum Beispiel während einer Großevangelisation oder in einer Rundfunk- oder Fernsehsendung oder wenn wir jemandem die Botschaft persönlich weitersagen. Wir sprechen von Verkündigung immer dann, wenn wir jemanden mit den Bedingungen für die Versöhnung des Menschen mit Gott bekannt gemacht haben.

Die Bibel gibt uns den klaren Auftrag, der ganzen Welt das Evangelium zu verkündigen. Wir brauchen nicht mehr darüber zu reden, ob dieser Auftrag uns gilt oder nicht. Die Verkündigung muß jedoch weise eingesetzt werden, wenn wir wollen, daß die Botschaft alle Arten von Menschen erreicht. Verkündigung ist nur bei ganz bestimmten Menschen erfolgreich – bei denen, die vorbereitet sind.

Wenn wir eine größere Anzahl von Menschen, die nicht christlich vorgeprägt sind, erreichen wollen, brauchen wir eine andere Art der Evangelisation. Ich nenne diese Art der Evangelisation das *Zeugnis durch unser Leben* oder *das gelebte Zeugnis.*

Was sind die Merkmale dieser Form des Evangelisierens? Es handelt sich hier um einen *Prozeß,* der dadurch in Gang gebracht wird, daß ein Christ die christliche Botschaft mit seinem ganzen Leben ausdrückt. Diese Methode ist besonders bei Menschen wirksam, die unvorbereitet sind, bei Menschen ohne einen christlichen Hintergrund oder bei solchen, für die das Christentum als Hilfe zur Lebensbewältigung unglaubwürdig geworden ist. Bei den letzteren besteht meist eine Abhängigkeit von irgendwelchen Ideologien (Humanismus,

Existentialismus, Sozialismus oder Kapitalismus), die ihnen Sinnerfüllung versprechen. Abgesehen von wenigen Ausnahmen brauchen solche unvorbereiteten Menschen, um in das Reich Gottes finden zu können, weit mehr als eine kurze Darstellung des Evangeliums.
Beide Arten des Evangelisierens – die Verkündigung und das Vorleben des Evangeliums – sind von entscheidender Bedeutung, wenn wir sowohl Menschen aus einem nichtchristlichen Milieu als auch christlich vorgeprägte Menschen ansprechen wollen. Die eine Form ist nicht besser und erfolgreicher als die andere. Im Neuen Testament wirken beide Formen ineinander. Für uns ist nur wichtig zu wissen, wann wir welche Form des Evangelisierens anwenden sollen. Wenn wir da, wo Verkündigung genügen würde, auf das gelebte Zeugnis Wert legen, verschwenden wir nur Kraft und Zeit. Aber wenn wir da nur verkündigen, wo ein Mensch mehr braucht, um zu Gott finden zu können, werden wir keinen Erfolg haben.

Die Verkündigung des Evangeliums

Das griechische Worte für Verkündigung ist *kerusso,* was soviel bedeutet wie „bekanntmachen, verkündigen, öffentlich ausrufen".
Unsere Tageszeitung und die Fernsehnachrichten erfüllen jeden Tag diese Aufgabe. Sie machen die Nachrichten bekannt. Bei den Römern beschrieb dieses Wort die Tätigkeit des Ansagers bei öffentlichen Wettspielen.
Aber es wäre falsch, die Bedeutung des Wortes „verkündigen" nur auf das „öffentliche predigen" einzugrenzen. Die Verkündigung kann viele Formen haben und schließt auch das persönliche, missionarische Gespräch von Person zu Person mit ein.
In den vier Evangelien bekommen wir den klaren Auftrag, das Evangelium zu verkündigen. In Matthäus 24,14 sagt Jesus: „Es wird gepredigt *(kerusso)* werden dies Evangelium vom Reich in der ganzen Welt zum Zeugnis für alle Völker". Es ist nicht nur an einigen bestimmten Orten der Welt möglich, zu verkündigen. Wir sollen es in der ganzen Welt tun. Markus 13,10 geht in dieselbe Richtung. Das Evangelium muß allen Völkern verkündigt *(kerusso)* werden.
Markus 16,15 sagt es noch spezifischer: „Gehet hin in alle Welt und predigt *(kerusso)* das Evangelium alle Kreatur." In Lukas 24,47 wird dasselbe Wort gebraucht: Lukas sagt uns, was der Inhalt unserer Verkündigung sein sollte. Jesus möchte, daß wir „unter allen Völ-

kern Buße zur Vergebung der Sünden" predigen.
Denken Sie einmal einen Augenblick darüber nach, was wir im allgemeinen von der Verkündigung erwarten. Nehmen wir einmal an, Sie wollten einem jungen Mann das Evangelium verkündigen. Dieser Mann hat jahrzehntelang so gelebt, wie es ihm paßte, er hat bestimmte Gewohnheiten entwickelt und sich sein eigenes Wertsystem „zusammengebastelt". Fast alles, womit er sich bis zu dem Zeitpunkt des Gesprächs beschäftigt hat, ist dem Wort Gottes total entgegengesetzt. Wir würden uns jetzt eine Stunde lang mit ihm unterhalten und ihm den christlichen Glauben deutlich erklären. Was erwarten wir jetzt? Wir erwarten, daß er einsieht, daß er in seinem Leben bisher eine falsche Richtung eingeschlagen hatte. Wir erwarten, daß er sagt: „Ich habe mich jahrelang geirrt. Innerhalb dieser Stunde haben Sie mir klar gezeigt, wie ich in bezug auf mein bisheriges Leben eine radikale Kehrtwendung vollziehen kann." Erwarten wir hier nicht Unmögliches? Ja, das tun wir und doch passiert es sehr oft überall auf der Welt, daß wir solche übersteigerten Erwartungen haben. Trotzdem kommen oft Menschen gerade auf diese Art zum Glauben. Wie ist das möglich? Ich möchte dafür verschiedene Gründe anführen.
In Apostelgeschichte 11,21 berichtet Lukas von einer erfolgreichen Verkündigung, denn „die Hand des Herrn war mit ihnen". Das ist das Entscheidende. Erst dadurch wird eine fruchtbare Verkündigung möglich. Wenn die Hand des Herrn nicht mit uns ist, verschwenden wir eigentlich unsere Zeit. Aber die Bibel gibt noch andere Gründe, warum wir mit Erfolgen bei der Verkündigung rechnen dürfen.
In Apostelgeschichte 11,24 wird ein weiterer Grund genannt: „Es ward ein großes Volk dem Herrn zugetan, denn er (Barnabas, der Verkündiger) war ein bewährter Mann, voll heiligen Geistes und Glaubens." Das ist ein mächtiges Dreigespann: ein gutes Leben, der Heilige Geist und der Glaube. Es fanden Menschen zu Gott, weil der Verkündiger der Botschaft ein so vortreffliches Leben führte.
In Apostelgeschichte 13,48, wo von einer weiteren Verkündigung der Botschaft berichtet wird, sagt uns Lukas, warum es zu einem so positiven Echo kam: „...und wurden gläubig, wieviel ihrer zum ewigen Leben verordnet waren."
Ich verstehe das so, daß Gott bestimmte Menschen vorbereitet hat, die dann zum Zeitpunkt unseres missionarischen Gesprächs bereit

sind, positiv auf die Botschaft zu reagieren. Wir können damit rechnen, überall auf der Welt – wo wir auch hingehen – wenigstens einige solch vorbereiteter Menschen zu finden.
Aber es gibt noch andere Gründe für eine berechtigte Hoffnung auf eine fruchtbringende Verkündigung. In Apostelgeschichte 14,1 heißt es: „Sie predigten so wirkungsvoll, daß eine große Menge der Juden und der Griechen gläubig wurden." Apostelgeschichte 16,14 nennt noch einen anderen Grund. Lukas schreibt von Lydia: „Dieser tat der Herr das Herz auf, daß sie darauf achthatte, was von Paulus geredet ward."
Wir haben also eine Reihe von Gründen im Neuen Testament gefunden, die uns Anlaß geben, mit einer positiven Reaktion auf unsere Verkündigung zu rechnen. Wenn wir Menschen sind, die sich durch Glauben und Reinheit auszeichnen, können wir erwarten, daß die Hand des Herrn mit uns sein wird. Wir können erwarten, daß wir – wo immer wir auch hingehen – einigen vorbereiteten Menschen begegnen werden. Wir können es lernen, anderen das Evangelium wirkungsvoll mitzuteilen. Und wir dürfen vom Herrn erwarten, daß er Menschenherzen öffnen wird und sich Menschen aufgrund unserer Verkündigung bekehren werden.

6. Das religiöse Erbe

– *Bestandsaufnahme: Voraussetzung für wirksame Verkündigung*

Es gibt noch einen weiteren Grund, warum Menschen so und nicht anders auf die Verkündigung reagieren. Vielleicht ist das der wichtigste Grund. Nach dem Bericht der Apostelgeschichte gab es zwei Gruppen von Menschen, die für die Verkündigung des Evangeliums offen waren. Die erste Gruppe waren die Juden. Im Neuen Testament ist ein Jude ein Mensch mit einer religiösen Tradition von 16 Jahrhunderten. Gott hatte ihm die Schriften – das Gesetz und die Propheten – gegeben. Kirche und Staat waren für die frommen Juden ein untrennbares Ganzes. Der Jude war für das Evangelium sehr gut vorbereitet. Der Pfingstfesttag brachte „gottesfürchtige Juden aus allerlei Volk" nach Jerusalem (Apg. 2,5).
Die zweite Gruppe waren die Heiden, die sich dem jüdischen Glauben angeschlossen hatten. Sie waren unter dem Namen „Proselyten" bekannt. Als Gott anfing, das Evangelium unter den Heiden auszubreiten, wählte er Kornelius aus, einen römischen Hauptmann, den Lukas als „fromm und gottesfürchtig" bezeichnet (Apg. 10,2). Das war der Anfang der Mission. In Antiochien diente Paulus der Gemeinde als einer von fünf Leitern. Barnabas war auch einer dieser Leiter. Der Heilige Geist wußte, daß die Gemeinde in Antiochien zwei von diesen fünf entbehren konnte – so wurden Paulus und Barnabas als Missionare ausgesandt. Wo sie auch hinkamen, verfolgten sie eine ganz bestimmte Taktik. Zuerst gingen sie in die Synagogen. Es war anzunehmen, daß jeder, der sich in einer Synagoge befand, ein gewisses Maß an geistlichem Interesse mitbrachte. Obwohl diese Menschen nicht von Christus gehört hatten, suchten sie Gott auf ihre traditionsgemäße Art. Sie hatten das Vorrecht, eine religiös geprägte Tradition zu besitzen. So war es nur natürlich, daß viele von ihnen zum Glauben kamen, als Paulus und Barnabas ihnen das Evangelium predigten. Sowohl Juden als auch zum Judentum übergetretene Heiden wurden Christen.
Etwas Ungewöhnliches geschah, als sie nach Philippi kamen. Es gab in dieser Stadt keine Synagoge. Anscheinend hatten Paulus und Bar-

nabas gehört, daß sich die Leute irgendwo am Fluß regelmäßig zum Gebet trafen. Sie gingen also auch dorthin und lernten Lydia kennen. Aber auch Lydia war schon eine „gottesfürchtige Frau" (Apg. 16,14). Wieder brachten sie das Evangelium nur denjenigen, die schon auf irgendeine Weise vorbereitet waren.
In Athen verlief die Sache ganz anders (vgl. Apg. 17,16–34). „Als aber Paulus auf sie zu Athen wartete, ergrimmte sein Geist in ihm, da er sah die Stadt voller Götzenbilder. Und er redete zu den Juden und Gottesfürchtigen in der Synagoge, auch auf dem Markte alle Tage zu denen, die sich herzufanden" (Apg. 17,16.17). Er fing sogar Streitgespräche mit Philosophen – Epikuräern und Stoikern – an. Die Philosophen waren durch die neue Lehre, die Paulus ihnen vorstellte, hellhörig geworden – sie führten ihn zum Areopag, damit er auch dort eine Rede halten sollte. Das ist die einzige schriftlich überlieferte Predigt, die Paulus vor einer heidnischen Menge (vor Menschen, die nicht religiös vorgeprägt waren) gehalten hat. Beachten Sie den inhaltlichen Unterschied in dieser Botschaft. Er berief sich nicht auf das Alte Testament, er argumentierte von der Philosophie her. Er zitierte sogar griechische Dichter. Sein Zeugnis knüpfte an einer anderen Stelle an – er setzte bei der Person Gottes an. Dann redete er von Jesus und der Auferstehung. Er hatte nur geringen Erfolg mit seiner Predigt: „Einige Männer aber hingen Paulus an und wurden gläubig" (Apg. 17,34).
Vergleichen Sie einmal die Reaktion auf die Predigt des Paulus mit dem Erfolg, den Petrus mit seiner Pfingstpredigt erzielte (Apg. 2,37–41). Was war anders in Athen? War Petrus mehr vom Heiligen Geist erfüllt? Konnte Petrus besser predigen? Nein, der Unterschied lag einzig und allein in dem religiösen Erbe des Judentums, das die Menschen vorbereitet hatte, das Evangelium so bereitwillig aufzunehmen.
Damit die Verkündigung wirklich etwas bewirkt, muß der Hörer unbedingt in irgendeiner Form vorbereitet worden sein, d. h. jemand muß vorher gepflanzt und bewässert haben. Und doch ist es unser Auftrag, das Evangelium der ganzen Welt zu predigen. Warum wohl? Ich denke, weil Gott am Werk ist und überall auf der Welt einige Menschen vorbereitet. *Aber Gott wollte nie von uns, daß unser missionarisches Zeugnis sich allein auf die Verkündigung beschränkt.*

7. Reichweite der Verkündigung

– Grenzen der Wirksamkeit

Wir haben den Auftrag, zu verkündigen. Die Verkündigung kann auch wirklich auf der ganzen Welt Menschen zum Glauben bringen. Allerdings gibt es für sie auch Grenzen der Wirksamkeit. Diese Grenzen gelten sowohl für die Zuhörerschaft, die mit der Verkündigung erreicht werden kann, als auch für das Ziel, das man mit der Verkündigung verfolgt.
Der Apostel Paulus wußte um diese Grenzen der Wirksamkeit; er hat sich deshalb in seiner Missionsarbeit an ganz bestimmten Richtlinien orientiert und sein Betätigungsfeld auf bestimmte Städte begrenzt. Diese Haltung war entscheidend für seinen Erfolg. Paulus versuchte nicht, alles zu machen. Er war in der Hauptsache Verkündiger. Er reiste durch seine Welt und verkündigte ihr das Evangelium, bis er in seinem Brief an die Römer die erstaunliche Feststellung machen konnte: „...so daß ich von Jerusalem und ringsumher bis nach Illyrien das Evangelium von Christus vollständig verkündigt habe. (...) Jetzt aber, da ich in diesen Gebieten keinen Wirkungskreis mehr habe, seit einer Reihe von Jahren jedoch ein Verlangen habe, zu euch zu kommen, wenn ich nach Spanien reise“ (Röm. 15.19.23.24 – Zürcher Übersetzung).
Was meinte Paulus mit der Aussage, daß er seine Arbeit vollendet habe? Wollte er etwa behaupten, er habe jedem Menschen in dem Gebiet von Jerusalem bis nach Illyrien das Evangelium verkündigt? Das konnte doch gar nicht sein. Seine missionarische Strategie sah vielmehr so aus, daß er in eine Stadt ging, diejenigen „erntete“, die vorbereitet waren, die Neubekehrten im Glauben festigte und dann zur nächsten Stadt weiterzog.
Wie viele Menschen einer Stadt wie Korinth, der sündigen Hafenstadt des römischen Reiches, hatten je eine jüdische Synagoge von innen gesehen? Wahrscheinlich nur ein geringer Prozentsatz der Bevölkerung. Trotzdem beschränkte sich die missionarische Arbeit des Paulus auf die Synagogen. Wie konnte Paulus dann behaupten, daß er an allen diesen Orten seine Aufgabe vollständig ausgeführt habe?
An anderer Stelle sagt Paulus:

„...werden wir uns nicht ins Maßlose rühmen, sondern nur nach dem Maße des Arbeitsgebietes, das uns Gott zugemessen hat, dass wir nämlich bis zu euch gelangt sind. (...) Und dabei rühmen wir uns nicht ins Maßlose auf Grund fremder Arbeitsleistungen; wir haben vielmehr die Hoffnung, wenn euer Glaube wächst, bei euch nach Maßgabe unseres Arbeitsgebietes in noch höherem Maße zu etwas Großem bestimmt zu werden" (2. Kor. 10,13–15 – Zürcher Übersetzung).

Paulus wollte damit sagen, daß er sich in seinem Dienst auf einen bestimmten Wirkungskreis beschränkte. Er wollte in strategisch wichtigen Städten Menschen zum Glauben führen, damit sie für die weitere missionarische Arbeit sozusagen als Brückenköpfe dienen können. Paulus machte nicht die ganze Arbeit – er errichtete nur Brükkenköpfe.

Paulus vertraute darauf, daß die, die er zum Glauben geführt hatte, im Glauben wachsen und da weitermachen würden, wo er aufgehört hatte.

Sein Erfolg beruhte auf dem beständigen, geistlichen Wachstum und der weiteren Verbreitung des Evangeliums durch seine „geistlichen Kinder".

Oft wurde Paulus durch Verfolgung gezwungen, weiterzuziehen; aber selbst wenn er nicht verfolgt wurde, blieb er nicht lange in einer Stadt. Er zog dann weiter, wenn sich diejenigen, die vorbereitet waren, bekehrt hatten und er sie in den Grundlagen des Glaubens unterrichtet hatte (Ephesus, wo er drei Jahre blieb, war die Ausnahme dieser Regel).

Wir wollen heute bei unseren evangelistischen Einsätzen dem Vorbild des Paulus folgen. Wir schaffen es aber nicht, uns ein umfassendes Bild davon zu machen, wie Paulus seine Missionsarbeit betrieb. Wir verhalten uns so, als ob das Evangelium, wenn es erst einmal der Welt verkündigt worden ist, schon genügend bewirkt hat. Wir denken, daß wir unsere Aufgabe erfüllt haben, wenn wir jedem Menschen unserer Generation das Evangelium *einmal* verkündigt haben. Aber selbst, wenn wir dieses Ziel erreichen würden, müssen wir uns darüber im klaren sein, daß wir mit der Missionierung der Welt dann erst angefangen hätten. Wir hätten dann nur Brückenköpfe errichtet, aber vor uns läge noch die größere Herausforderung. Wir müßten dann einsehen, daß wir erst, nachdem wir verkündigt haben, den Punkt erreicht hätten, von dem aus wir *anfangen* könnten, diese

Welt wirklich mit dem Evangelium zu durchdringen. Denken Sie nur einmal an Ihre unmittelbare Umgebung: Wie viele Ihrer Freunde und Bekannten stehen dem Evangelium wirklich nahe? Wenn jemand ihnen das Evangelium erklären würde, wie viele würden ihr Leben Christus übergeben? Was ist mit den anderen? Sind sie hoffnungslose Fälle? Wenn nicht, wie könnten sie angesprochen werden? Wer würde sich um sie bemühen?

Nicht jeder ist mit dem Evangelium erreichbar, und nicht jeder wird sich sofort bekehren. Wenn wir jedoch erst einmal verstehen lernen, daß das Evangelisieren weit mehr beinhaltet als bloße Verkündigung, dann haben wir die Notwendigkeit erkannt, beim Evangelisieren verschiedenste Methoden anzuwenden. Das erst ermöglicht es jedem Menschen, die Botschaft in einer Form zu hören, die für ihn verständlich ist. Wir leben in einer säkularisierten Welt, in der der Einfluß des Evangeliums kaum sichtbar ist. Zum Teil liegt das daran, daß wir eine zu begrenzte Sicht von Evangelisation haben. Wir verstehen darunter nur das *gesprochene Zeugnis,* das Weiter*sagen* des Evangeliums.

Diese Sicht schränkt jedoch die Möglichkeiten des Evangeliums in zwei Weisen ein: es gibt nur einen begrenzten Kreis von Menschen, der auf diese Art erreicht werden kann (nur die vorbereiteten Menschen), und es gibt nur wenige, die verkündigen können. Geschäftsleute in mittleren Jahren oder Hausfrauen werden wohl kaum die Verkündigung als Evangelisationsmethode in ihrer normalen, alltäglichen Umgebung benützen können. Wenn jemand verkündigen will, braucht er ständig neue Zuhörer.

Jesus sandte seine zwölf Jünger zu zweit aus, aber weder sie selbst noch ihre Nachfolger haben diese Methode angewandt.

Kann unser Verständnis von Evangelisation wirklich umfassend sein, wenn es dem Durchschnittschristen nicht erlaubt, sich mit seinem Leben persönlich einzubringen und Frucht zu bringen?

III. Teil: Evangelisieren durch ein gelebtes Zeugnis

8. Die rätselhaften Briefe der Apostel

Wo werden wir in den Briefen aufgefordert, zu verkündigen?

Bevor Sie dieses Kapitel lesen, lesen Sie einmal die neutestamentlichen Briefe daraufhin durch, wo sich Ermahnungen in bezug auf das Zeugnisgeben finden.

Wir haben gerade festgestellt, daß Paulus sich in seiner Missionsarbeit auf das Errichten von Brückenköpfen mit Hilfe von Neubekehrten beschränkte und dies meist in strategisch wichtigen Städten oder Gebieten. Sein Wirkungskreis war begrenzt, aber nicht seine Perspektive für die zukünftige Arbeit. Er war abhängig von dem beständigen Wachstum dieser kleinen christlichen Gemeinden, damit seine Arbeit bleibende Früchte tragen und das Evangelium in die Welt hineingetragen werden konnte. Paulus sagte: Wenn diese Arbeit nicht von anderen weitergeführt würde, wäre seine Arbeit letztlich umsonst gewesen (vgl. Phil. 2,16).
Wenn doch Paulus soviel Wert auf die Arbeit dieser kleinen Gemeinden legt, könnte man dann nicht erwarten, daß er in seinen Briefen häufig dazu auffordert, Zeugnis zu geben; daß er uns heftig ermahnt, hinauszugehen und das weiterzuführen, was er angefangen hatte, nämlich jedem Menschen das Evangelium weiterzusagen? Aber solche Ermahnungen finden sich in seinen Briefen nicht. Wie kommt das? Wohl daher, weil Paulus erkannt hat, *daß noch mehr Verkündigung genau das Gegenteil bewirken würde!*
Er war in diese Gegend gekommen und hatte geerntet. Um die anderen Menschen dieser heidnischen Städte gewinnen zu können, brauchte man mehr als nur Worte. Es mußte gepflanzt und bewässert werden.
Das wird in anderen Aussagen des Paulus in seinen Briefen in bezug auf das Gewinnen der Verlorenen bestätigt. Zum Beispiel gab er Titus den Auftrag: „Den alten Frauen gebiete, daß sie sich halten, wie

den Heiligen ziemt; (...) daß sie die jungen Frauen lehren, züchtig sein, ihre Männer lieben, Kinder lieben, sittig sein, keusch, häuslich, gütig, ihren Männern sich unterordnen, *auf daß nicht das Wort Gottes verlästert werde*" (Tit. 2,3–5).

Paulus forderte Titus auf, „die jungen Männer zu ermahnen, daß sie sich in Zucht halten. Allenthalben aber stelle dich selbst zum Vorbilde guter Werke, mit unverfälschter Lehre, mit Ehrbarkeit, mit gesundem und untadeligem Wort, *auf daß der Widersacher beschämt werde* und nichts habe, daß er von uns könne Böses sagen" (Tit. 2,6–8).

Paulus wollte, daß Titus „den Knechten sage, daß sie sich ihren Herren in allen Dingen unterordnen, willig sind, nicht widerbellen, nicht veruntreuen, sondern alle gute Treue erzeigen, auf daß sie der Lehre Gottes, unseres Heilandes, eine Zierde seien in allen Stücken" (Tit. 2,9.10).

Hier macht Paulus Aussagen über Ursache und Wirkung im Leben eines Christen und zeigt damit, daß er ein klares Verständnis der wichtigen Aufgabe hat, die Gottes Volk haben soll – Gottes Wesen soll beispielhaft vorgelebt werden, bevor anderen das Evangelium gepredigt wird. Immer wenn Paulus das Problem der verlorenen Welt anspricht, dann legt er das Hauptgewicht auf unser „Leben", als der einzig richtigen Art und Weise, Mission zu betreiben.

„Wandelt nur würdig des Evangeliums Christi, auf daß, ob ich komme und euch sehe oder abwesend von euch höre, ihr stehet in einem Geist und kämpfet mit uns einmütig für den Glauben des Evangeliums" (Phil. 1,27).

Das Beispiel von Sergio

Sergio gehörte zu den ersten Christen, der aufgrund unserer Studentenarbeit in Brasilien zum Glauben gekommen war. Er kam aus einer Industriellenfamilie, die bekannt dafür war, es mit Ehrlichkeit und Rechtschaffenheit nicht so genau zu nehmen. Sergio studierte Jura und Volkswirtschaft. Sein Studium sollte ihn darauf vorbereiten, die Verantwortung für die Rechtsbelange der verschiedensten Spekulationsgeschäfte seiner Familie zu übernehmen. Als Sergio 4 Jahre alt war, hatte er Kinderlähmung. Er konnte nur mit Hilfe einer Körperstütze und auf Krücken laufen. Er besaß einen unglaublich starken Willen, der sich in den Jahren des Ankämpfens gegen die

Grenzen, die ihm sein gelähmter Körper steckte, gebildet hatte. Als wir uns das erste Mal sahen, war er eine harte und kalte Persönlichkeit. Wir fuhren 1- oder 2mal die Woche zu einem Aussichtsplatz, von dem aus man die ganze Stadt überblicken konnte, und machten dort ein intensives Bibelstudium. In dem Maße, wie Sergio Jesus Christus kennenlernte, zeigten sich langsam Veränderungen bei ihm. Bis zum Abschluß seines Studiums war aus ihm ein reifer Christ geworden. Die Veränderungen in seiner Persönlichkeit waren für alle, die ihn kannten, klar erkennbar.

Aber es gab für ihn noch ein großes Problem. Wie sollte seine Zukunft aussehen? Seine Familie hatte ihn mit der Absicht studieren lassen, daß er später für sie arbeiten würde. Mußte er dann nicht seinem Ideal der Ehrlichkeit untreu werden? Und war es nicht eigentlich die Aufgabe des Rechtsanwalts, dem Geschäftsmann zu helfen, mit möglichst viel unrechtmäßigem Verhalten ungeschoren davonzukommen? Ich sah, daß Sergio sich Sorgen machte wegen dieser Sache. Aber ich hatte keine Ahnung, wie ich ihm helfen konnte.

In dem Jahr, als Sergio sein Examen an der Universität machen wollte, erlebte Brasilien eine schwere Wirtschaftskrise. Das hatte zur Folge, daß viele Firmen bankrott gingen, u. a. auch die von Sergios Familie. Auf einmal war er frei von allen Verpflichtungen seiner Familie gegenüber. Er stand nun auf eigenen Füßen.

In der Examenswoche kam er zu mir. Er erzählte mir, daß er zwei Entschlüsse gefaßt habe. Er wolle jetzt Gott an die erste Stelle in seinem Leben setzen und immer ehrlich sein. Mit diesen Vorsätzen ging er zurück in seine Heimatstadt. Er mietete dort ein Büro und eröffnete eine eigene Anwaltspraxis.

Ein paar Monate später war einer der Bauern dieser Gegend gerade im Begriff, wegen überzogener Steuern Haus und Hof zu verlieren. Sein Bauernhof wurde öffentlich versteigert. Sergio kaufte ihn. Das hatte zur Folge, daß in der Stadt Gerüchte umgingen: dieser Kauf sei doch wieder einmal typisch für diese auf ihre Vorteile bedachte Familie. Aber, was Sergio dann tat, setzte die ganze Stadt in Erstaunen. Er ging zu dem Bauern und gab ihm seine Grundstücksurkunde zurück – er solle seine Schulden so zurückzahlen, wie es ihm möglich sei.

Sergio war nicht verpflichtet, sich so zu verhalten. Es war sein verbürgtes Recht, den Hof zu behalten. Aber er ließ Gnade vor Recht ergehen – so verhält sich Gott auch uns gegenüber.

Sergio hat wahrscheinlich noch 35 Jahre zu arbeiten. Wenn er aber auf dem eingeschlagenen Weg weitergeht, dann wird schon allein sein Leben einen großen Einfluß auf die Menschen ausüben. Es wird den Boden in seiner Gegend nachhaltig für das Evangelium vorbereiten.

Ich habe viel dadurch gelernt, wie Sergio sein Christsein im Beruf auslebt. Seine Grundsätze „Gott an die erste Stelle setzen" und „ehrlich sein" waren entscheidend für seine weitere evangelistische Arbeit. Ohne diese Vorentscheidungen hätte er weder den Freiraum zum Zeugnisgeben noch eine Botschaft gehabt, die durch seinen christlichen Lebensstil abgedeckt war. Ohne diese Ziele hätte er wenig Hoffnung haben können, daß Gott sein Leben für andere Menschen wirklich einsetzen kann.

Jesus hat gesagt: „Ihr werdet die Kraft des Heiligen Geistes empfangen, welcher auf euch kommen wird, und werdet meine Zeugen sein" (Apg. 1,8). Ich denke, daß dieser Satz das zusammenfaßt, was wir in diesem Kapitel festgestellt haben. Unser Auftrag ist nicht das *Tun* des Zeugnisses, sondern das *Leben* als Zeugen Christi. Evangelisieren ist nicht etwas, was wir tun, sondern etwas was unser ganzes Sein umfaßt. Wenn wir das aus den Augen verlieren und das Hauptgewicht nur auf das Verkündigen legen, dann sind die Leute, die wir für Christus gewinnen, unfähig, andere zu Christus zu führen. Wir müssen Christi Befehl gehorchen und Jünger heranbilden, indem wir sie „lehren, alles zu halten, was ich euch befohlen habe" (Matth. 28,20). Andernfalls werden diese Neubekehrten kein geistliches Wachstum erleben und selber keine Frucht bringen können. Es würde dann keine zweite Ernte geben. Die Ernte würde sich auf den ersten Ertrag beschränken. Aber, wo wir uns auf das *Sein* mehr als auf das *Reden* konzentrieren, werden wir oft ernten können.

Ich hoffe, daß Sie sich nun Zeit nehmen werden, noch einmal die neutestamentlichen Briefe daraufhin durchzulesen und sich alles aufzuschreiben, was diese über unser Zeugnis in der Welt sagen.

9. Israel – ein lebendiges Zeugnis an die Welt

– Das auserwählte Volk Gottes

Gott verfolgt mit allem, was er mit dem Menschen tut, ein bestimmtes Ziel. Dieses Ziel läßt sich in einem Wort zusammenfassen: Versöhnung. „Denn Gott versöhnte in Christus die Welt mit ihm selber und hat unter uns aufgerichtet das Wort von der Versöhnung" (2. Kor. 5,19).
Er gab den Menschen den Auftrag, die „Botschaft der Versöhnung" zu predigen. Wie wir festgestellt haben, hat Gott sogar die Welt in verschiedene Völker und Kulturen unterteilt und beabsichtigte damit ihre Versöhnung.
Das Volk Gottes hat immer eine entscheidende Rolle gespielt, damit die Ziele Gottes verwirklicht werden konnten. Solange wir das nicht begriffen haben, werden wir nie ein angemessenes Verständnis von Evangelisation oder einem christlichen Leben haben.

Israel: das am wenigsten geeignete Volk

Die unwahrscheinlichste Sache der Welt war, daß aus Israel einmal eine Nation werden würde, und es hatte die allergeringsten Überlebenschancen. Alles begann mit einem Mann und einer Verheißung. Abraham war 75 und Sara 66 Jahre alt, als sie Haran verließen, um die Erfüllung von Gottes Verheißung zu empfangen. Nach 11 Jahren in der Wüste – Abraham war mittlerweile 86 und Sara 77 Jahre alt – verloren sie die Geduld. Das Ergebnis war Ismael. Aber er war nicht die Erfüllung der Verheißung.
Sie mußten noch weitere 14 Jahre warten, bis Isaak, der verheißene Sohn, geboren wurde. Zu diesem Zeitpunkt war Abraham 100 und Sara 91 Jahre alt. 40 Jahre später heiratete Isaak Rebekka. Zu dieser Zeit war seine Mutter schon tot. Isaak und Rebekka mußten 20 Jahre warten, bis ihre Zwillingssöhne, Jakob und Esau, zur Welt kamen. Aber nur einer der Zwillinge, Jakob, sollte an der Verheißung teilhaben. So bestand das Volk Israel also nach 85 Jahren, angefangen bei der Berufung Abrahams durch Gott bis hin zur Geburt Jakobs, nur aus 3 Personen: Jakob und seinen Eltern.

Weder Jakob noch seine Mutter führten ein besonders vorbildliches und tugendhaftes Leben. Jakob betrog seinen Vater, log seinen Bruder an und kämpfte mit seinem Onkel. Seine Frauen dienten anderen Göttern. Und doch wuchs Jakobs Familie auf 70 Leute an – sie wurden ein Nomadenstamm mit zweifelhaften moralischen Maßstäben.

Dieses Volk bestand also nach 225 Jahren (in dieser Zeit zogen sie von Haran nach Ägypten) aus einer einzigen Familie mit 70 Leuten. Dann kamen 430 Jahre Sklaverei in Ägypten. Das waren Jahre, in denen sich Gott in Schweigen hüllte: keine Wunder, keine Zeichen, keine bestätigten Verheißungen. Gott schwieg. In diesen Jahren mußte sich Israel mit dem begnügen, was Gott früher einmal getan hatte – es mußte sich an den uralten Geschichten festklammern, die vom Vater an den Sohn überliefert wurden. Es entstand der Eindruck, daß Gott scheinbar sehr fern war – er hatte sich nur früher einmal ihren Vorfahren Abraham, Isaak und Jakob gezeigt. Aber jetzt mußte Israel in der Sklaverei leben – nicht gerade eine Umgebung, die einer kulturellen Entfaltung förderlich war.

Schließlich floh Israel unter Moses Führung aus Ägypten – sie waren jetzt ein Volk von ca. 1 Million Menschen. Auf ihrer Wanderschaft durch die Wüste entwickelten sie eine Kultur, mit der sie ihrer Zeit weit voraus waren und die – verglichen mit ihren Nachbarn – äußerst fortschrittlich und vielschichtig war. Gott gab Israel Richtlinien für alle praktischen Bereiche des Lebens: Medizin, Hygiene, Wirtschaft, Landwirtschaft, Ethik, Politik, Recht und Religion. Zwischen dem Aufbruch aus Haran und dem Auszug aus Ägypten lagen 655 Jahre. Das ist eine sehr lange Zeit! Wenn wir das auf unsere Zeitrechnung übertragen, hätte Abraham im Mittelalter gelebt und der Auszug aus Ägypten würde heute stattfinden. Warum hat Gott das so gemacht? Das 5. Buch Mose gibt uns Aufschluß darüber. Gott dachte dabei nicht nur an Israel, sondern an die ganze Welt. Mose forderte das Volk Israel heraus, an diesen umfassenderen Plan Gottes zu denken und sagte ihnen:

> *„Siehe, ich habe euch gelehrt Gebote und Rechte (...), daß ihr danach tun sollt im Lande, in das ihr kommen werdet (...) So haltet sie nun und tut sie! Denn dadurch werdet ihr als weise und verständig gelten bei allen Völkern, daß, wenn sie alle diese Gebote hören, sie sagen müssen: Ei, was für weise und verständige Leute sind das, ein herrliches Volk! Denn wo ist so*

ein herrliches Volk, dem ein Gott so nahe ist wie uns der Herr, unser Gott, sooft wir ihn anrufen? Und wo ist so ein großes Volk, das so gerechte Ordnungen und Gebote hat wie dies ganze Gesetz, das ich euch heute vorlege?" (5. Mose 4,5–8).

Gott erwählte Israel nicht, weil sie die Besten und Größten waren, sondern weil sie so schwach und ungeeignet waren. Es war ganz klar, daß, wenn sie irgend etwas leisten würden, Gott dabei seine Hände im Spiel haben mußte. „So wisse nun, daß der Herr, dein Gott, dir nicht um deiner Gerechtigkeit willen dies gute Land zum Besitz gibt, da du doch ein halsstarriges Volk bist. Denke daran und vergiß nicht, wie du den Herrn, deinen Gott, erzürntest in der Wüste. Von dem Tage an, als du aus Ägyptenland zogst, bis ihr gekommen seid an diesen Ort, seid ihr ungehorsam gewesen dem Herrn" (5. Mose 9,6–7).

Israel war Gottes Sprachrohr für die Welt. Angesichts der Geschichte Israels mußte die Welt einfach erkennen, daß Gott dieses Volk wirklich unter seine Fittiche genommen hatte. Das war der springende Punkt. Der König Salomo z. B. war „größer an Reichtum und Weisheit als alle Könige auf Erden. Und alle Welt begehrte Salomo zu sehen, damit sie die Weisheit hörten, die ihm Gott in sein Herz gegeben hatte" (1. Könige 10,23–24). Gott schloß mit Israel einen Bund. Er identifizierte sich selber so sehr mit diesem Volk, daß er in der Welt als der „Gott Israels" bekannt wurde. Und wie sehr gedieh Israel aufgrund dieser Beziehung zu Gott. Israel wurde ein angesehenes Volk, denn es spiegelte das Wesen des lebendigen Gottes wider. Israel wirkte wie ein Magnet auf die anderen Völker: alle suchten hier Rat und Heil.

Alles ging so lange gut, wie Israel Gottes Geboten gehorchte. Aber Gott machte sich selber durch diesen Bund verwundbar. Israel hatte die Macht, die ganze Welt auf einen falschen Weg zu führen! Es brauchte nur Gott ungehorsam zu sein oder die Götter seiner Nachbarn anzubeten und schon hatte die Welt ein falsches Bild von Gott. Die Welt zog dann auch tatsächlich falsche Schlüsse über Gottes Wesen aufgrund von Israels Verhalten.

Aus dieser hervorgehobenen Stellung Israels wird deutlich, warum Gott bei ihnen keinen Götzendienst dulden konnte und warum er seinen Namen und seine Gegenwart Israel auf dieselbe dramatische Weise entzog, wie er sie ihnen gegeben hatte. Mose hatte die Israeliten gewarnt, daß Gottes Gericht über sie kommen würde, wenn sie sich gegen Gott auflehnen würden: „Es werden alle Völker sagen: Warum hat der Herr an diesem Lande so gehandelt? Was ist das für ein großer grimmiger Zorn? Dann wird man sagen: Darum, weil sie den Bund des Herrn, des Gottes ihrer Väter, verlassen haben..." (5. Mose 29,23–24).

Gott hatte der Welt etwas zu sagen: er wollte sich nicht mit Israels Ungerechtigkeit und Perversion identifizieren. Durch den Propheten Hesekiel sagte Gott: „Darum sollen sie erfahren, daß ich der Herr bin, wenn ich sie unter die Heiden verstoße und in die Länder zerstreue. Aber ich will ihnen einige wenige übriglassen vor dem Schwert, dem Hunger und der Pest. Die sollen von all ihren Greueltaten erzählen unter den Heiden, zu denen sie kommen werden; und sie sollen erfahren, daß ich der Herr bin" (Hes. 12,15–16).

Wenn Israel Gott gehorsam war, verherrlichte es Gott. Das heißt, es machte der Welt Gottes Wesen bekannt. Die Israeliten verkörperten Gottes Eigenschaften – sie waren Vorbilder aus Fleisch und Blut, für alle sichtbar. Weil es Israel gab, konnte sich die Welt nicht länger damit entschuldigen, Gott und seine Wege nicht zu kennen.

10. Das Zeugnis der Gemeinde Jesu

– *Ein einzigartiges Volk*

Folgende Verse aus dem Römerbrief beziehen sich auf die christliche Gemeinde: „Wenn aber nun etliche von den Zweigen ausgebrochen sind und du, der du ein wilder Ölbaum warst, bist unter sie gepfropft und teilhaftig geworden der Wurzel und des Saftes im Ölbaum" (Röm. 11,17). Hier ist die christliche Gemeinde, das neue Volk Gottes, gemeint. Es geht auf dieselben Verheißungen zurück und soll denselben Zweck erfüllen wie einst das Volk Israel.
Das Volk Israel hatte versagt und konnte nicht länger Sprachrohr Gottes in der Welt sein. Als Israel sich von Gott abwandte, haben die meisten Israeliten eine bestimmte Richtung eingeschlagen. Sie haben den Reichtum und alles Schöne, was Gott ihnen als Volk geschenkt hatte, an sich gerissen und haben damit „in Saus und Braus" gelebt, so daß die vorherrschenden Merkmale Israels Sittenverfall, Ungerechtigkeit und Korruption wurden (vgl. Hesekiel 16).
Eine andere Gruppe, die frommen Juden, waren entsetzt über dieses Abwenden von den alten Werten. Sie, das „wahre Israel", wollten als „kleiner Rest" den Glauben bewahren und verteidigen. Sie erweiterten die fünf Bücher Mose um einen 70 Bände umfassenden Kommentar und behielten die Verwaltungsstruktur, die Mose mit den 70 Ältesten eingeführt hatte, bei (vgl. 2. Mose 18).
Fest entschlossen, die alten Wertmaßstäbe zu erhalten, verfielen sie in eine tote Werkgerechtigkeit. Auf diese Weise entstand die Sekte der Pharisäer.
Es ist erstaunlich zu sehen, wie aus einem so angesehenen Volk wie Israel ein so abgefallenes Volk werden konnte. Es ist schwer zu sagen, welche extreme Haltung schlimmer ist, die Mißachtung des Gesetzes oder die Gesetzlichkeit. Beide Haltungen hatten jedenfalls einen negativen Einfluß auf die Welt (vgl. Römer 2, 24).
Aber Gott änderte seinen Plan nicht. Gott rief durch seinen Sohn ein neues Volk ins Leben, das in dieselbe Wurzel eingepflanzt wurde, aus der auch das Volk Israel gewachsen war. Bei den Anfängen gab es Parallelen: 12 Söhne Jakobs, 12 Apostel. Aber die Geschwindigkeit war unterschiedlich. Was bei Israel 225 Jahre gedauert hatte, schaffte

Jesus Christus in etwas mehr als drei Jahren. Jakob hinterließ eine 70-köpfige Sippe in Ägypten, während Jesus in einem Saal in Jerusalem eine Gruppe von 120 Menschen zurückließ. Gott hat Israel vor allen anderen Völkern mit einer einzigartigen Kultur ausgezeichnet – ebenso tat es Jesus mit der Gemeinde. Jedoch läßt sich hier ein großer Unterschied feststellen: während Israels Kultur von ihrem Wesen her gesellschaftspolitisch geprägt war, hatte die „Kultur“ des neuen Gottesvolkes einen eher geistlichen Charakter.

Die Kirche: die Vorhut des Reiches Gottes

Jesus kam in die Welt, um über das Reich Gottes zu predigen (Mk. 1,15). Das „Reich Gottes“ ist der zentrale Begriff seiner Verkündigung. Obwohl dieses Thema bei ihm höchste Priorität hatte, gab es nur wenige, die verstanden, was er damit meinte. Wir können es den Menschen von damals nicht verdenken, denn auch für uns heute sind seine Worte vom Reich Gottes noch dunkel und geheimnisvoll.

Jesus beschrieb das Reich Gottes als etwas Gegenwärtiges (Mt. 12,28) und doch zugleich Zukünftiges (Lk. 21,31); es ist unter uns (Lk. 17,20) und nicht von dieser Welt (Joh. 18,36); klein wie ein Samenkorn (Mk. 4,30.32) und dennoch alles durchdringend (Lk. 13,18–21). In den Gleichnissen vergleicht Jesus das Reich Gottes mit einem Netz voller Fische (Mt. 13,47), 10 Jungfrauen (Mt. 25,1–13), einem im Feld begrabenen Schatz, und mit einer kostbaren Perle (Mt. 13,44–46).

Bei ihrem letzten Gespräch mit Jesus, kurz vor seiner Himmelfahrt, bewiesen die Jünger, daß sie eigentlich nur wenig vom Reich Gottes verstanden hatten. Sie fragten Jesus, ob er jetzt ihre Erwartungen erfüllen würde und ein sichtbares Reich Israel wiederherstellen würde (Apg. 1,6). Sie hatten die wirkliche Bedeutung und Tragweite des Reiches Gottes nicht verstanden. Sie hatten nicht begriffen, daß Jesus mit seiner Lehre eine total andere Gesellschaftsordnung einsetzte, einen völlig neuen Lebensstil, der neue Wertmaßstäbe, neue Einstellungen, neue Beziehungen, kurz eine neue Kultur beinhaltet – die Lebensweise des Reiches Gottes.

Sobald wir verstanden haben, was Jesus uns als Bürger des Reiches Gottes lehrt, können wir die Radikalität und Einzigartigkeit des christlichen Lebens, wie Jesus es meint, erahnen. Die Worte Jesu

sind für uns das, was das Buch Mose für die Juden war. Jesus möchte, daß sein Volk, die Kirche, diesen Lebensstil beispielhaft vorlebt.
E. Stanley Jones hat festgestellt, daß das Reich Gottes eigentlich ein totalitäres Reich darstellt. Es ist ganz anders als eine menschliche Gesellschaftsordnung, die sich mit einer rein äußerlichen Übereinstimmung begnügen muß. Dagegen geht der Einfluß des Gottesreiches bis in unsere geheimsten Gedanken. Wir können keinen Gedanken denken, ohne daß er an den Maßstäben des Reiches gemessen würde. Auch bei jeder unserer Beziehungen zu anderen Menschen hat Gott mitzureden.* Das klingt nach Sklaverei! Aber die Wirkung ist gerade umgekehrt als in autoritären Staaten. Wenn jemand die Kultur und den Lebensstil des Reiches Gottes annimmt, dann bedeutet das für ihn Befreiung anstatt Sklaverei.
Vielleicht scheinen die Worte Jesu so unverständlich, weil sie im Gegensatz zu den Wertsystemen der Welt stehen. Wir lesen, was Jesus gelehrt hat, und verstehen seine Sätze, aber wir kommen zu dem Schluß, daß er alles wohl nicht so radikal gemeint hat.
Für uns ist es jedoch im Augenblick wichtig zu erkennen, daß Gott uns denselben Auftrag gibt wie einst dem Volk Israel, nämlich daß wir sein Sprachrohr in und für die Welt sein sollen. Petrus wiederholt für die christliche Gemeinde die Verheißung, die Gott auch seinem Volk Israel schon vor Jahrhunderten gemacht hatte:
„Ihr aber seid das auserwählte Geschlecht, das königliche Priestertum, das heilige Volk, das Volk des Eigentums, daß ihr verkündigen sollt die Wohltaten des, der euch berufen hat von der Finsternis zu seinem wunderbaren Licht. ... Und führet einen guten Wandel unter den Heiden, auf daß ... sie eure guten Werke sehen und Gott preisen, wenn er alles ans Licht bringt“ (1. Petr. 2,9.12).

Zusammenfassung

Wir finden in der Schrift viele Beispiele dafür, daß Paulus das „Sein“ des Christen besonders betont. Was für Gottes Versöhnungsprogramm mit der Welt grundlegend ist, ist die Existenz eines einzigartigen Volkes, dessen Leben von ihm selbst geprägt ist. Sein Volk verkörpert seinen Charakter – der Lebensstil seines Volks soll plastisch

* E. Stanley Jones, „A Song of Ascents“, Nashville Tennessee, Abingdon Press, 1968, Festival Edition, 1979, S. 151–152.

darstellen, wie das Wesen seiner ewigen Herrschaft aussieht.
Wie sich das praktisch verwirklichen läßt, war und ist heute noch eines der schwierigsten Probleme, mit denen die Kirche zu kämpfen hat. Die Kirche schwankt seit den fast 2000 Jahren ihres Bestehens zwischen zwei Extremen: der Isolation oder dem Kompromiß.

IV. Teil Evangelistischer Lebensstil – praktisch

11. Ein gutes Zeugnis

– Oft nur eine Karikatur

Als mein Sohn Todd 13 Jahre alt war, fragte er mich eines Tages: „Vati, wie kann ich ein guter Zeuge sein? Ich bin nicht so ein guter Christ wie Michelle (seine ältere Schwester). Michelle erzählt ihren Freunden von Christus."

Ich erinnerte mich an die Zeit, als ich so alt war wie er. Ich hatte mit zwei völlig entgegengesetzten Wünschen zu kämpfen. Auf der einen Seite wollte ich meinen Freunden gegenüber meinen christlichen Glauben bezeugen, denn das schien der Wunsch und die Erwartung meiner Eltern an mich zu sein. Auf der anderen Seite suchte ich die Anerkennung meiner Altersgenossen. Ich erinnere mich noch an die Schuldgefühle und die innere Spannung, die dieser Konflikt bei mir auslöste. Wie konnte ich meinem Sohn helfen und ihn vor ähnlichen Schwierigkeiten bewahren? Schließlich sagte ich ihm: „Todd, du mußt nicht viel Worte machen. Laß dir eine Sache besonders wichtig sein: Sei ein Friedensstifter." Ich erklärte ihm, daß es Gottes Willen entspricht, wenn wir dem anderen wirklich Beachtung schenken und von uns aus die Initiative bei der Lösung von Konflikten ergreifen. Das war ein Vorschlag, den mein 13jähriger Sohn in die Tat umsetzen konnte.

Einige Wochen später hatte Todd einen heftigen Streit mit Eduardo, dem Sohn unserer Nachbarn. Das war ein harter Schlag für ihre Freundschaft. Als Todd mir von diesem Streit erzählte, haben wir noch einmal darüber gesprochen, wie man sich als Friedensstifter verhält und haben dazu Römer 12,17.18 gelesen:

„Vergeltet niemand Böses mit Bösem. Befleißigt euch der Ehrbarkeit gegen jedermann. Ist es möglich, soviel an euch ist, so habt mit allen Menschen Frieden."

Todd machte bewußt den ersten Schritt, besuchte Eduardo und versöhnte sich wieder mit ihm. Kurze Zeit später lud Eduardos Mutter meine Frau zu einem Gespräch zu sich ein. Sie erzählte, daß ihre Familie Todds Freundschaft mit Eduardo aufmerksam verfolgt hatte. Sie waren zu dem Schluß gekommen, daß in unserem Leben etwas vorhanden sei, was sie dringend brauchten. Das Leben eines 13jährigen Jungen hatte die Tür zu einer ganzen Familie geöffnet!

Es ist Gottes Absicht, den Menschen etwas durch unser Leben zu zeigen. Solch ein gelebtes Zeugnis findet sich schon in Gottes Absichten mit Israel und auch in der Lehre der Apostel. „Denn unsere Predigt des Evangeliums kam zu euch nicht allein im Wort, sondern auch in der Kraft und in dem heiligen Geist und in großer Gewißheit. Ihr wisset ja, wie wir uns unter euch gehalten haben um euretwillen" (1. Thess. 1,5). Diese große Wahrheit wurde verfälscht und auf eine Formel reduziert: „Ein gutes Zeugnis haben." Das kann so weit gehen, daß unser christliches Zeugnis in der Praxis zu einer Karikatur wird, und daß sowohl Christen als auch Nichtchristen sich daran aufhalten, wie denn nun ein „guter Christ" auszusehen habe. Diese Karikatur besteht oft aus unbiblischen Forderungen, die sich immer wieder in christliche Gruppen einschleichen. Wenn wir diesem erwarteten, christlichen Image nicht entsprechen, befürchten wir, daß wir Christen und auch Nichtchristen vor den Kopf stoßen. Die Angst, die Erwartungen anderer zu enttäuschen, trägt zum Fortleben dieser Karikatur bei. Der Nichtchrist, der die Christen sehr scharf beobachtet, wird sie beim Wort nehmen und fordern, daß die Christen nach ihren eigenen „frommen" Maßstäben leben sollen. Das hat zur Folge, daß diese Karikatur, wie sich ein Christ zu benehmen habe, als geheiligter Lebensstil angesehen wird. Und die traurige Konsequenz davon ist, daß wir vielen, eigentlich interessierten Menschen den Zugang zum Evangelium versperren.

Was ein gutes Zeugnis nicht ist

„Was muß ich aufgeben?" fragte ein junger Mann. „Zuerst einmal bunte Kleidung. Alles, was nicht weiß ist, muß aus deinem Kleiderschrank verschwinden. Du darfst nicht länger auf einem weichen Kissen schlafen. Du mußt deine Musikinstrumente verkaufen und darfst kein Weißbrot mehr essen. Wenn du Christus ernsthaft gehorchen willst, darfst du keine warmen Bäder mehr nehmen und deinen Bart nicht mehr rasieren. Wenn man sich rasiert, handelt man gegen den, der uns erschaffen hat, man versucht dann, sein Werk noch zu verbessern."*

Das klingt seltsam, nicht wahr? Aber hier werden nichtbiblische, moralische Bedenken deutlich – vielleicht amüsieren wir uns darüber. Und doch ist diese Liste von Verhaltensregeln (die vor 1800 Jahren entstand) immer wieder neu und anders geschrieben worden.

Diese Liste ändert sich je nachdem, wer du bist und wo du lebst. Trotz des relativen Charakters solcher christlichen Wertmaßstäbe sind wir doch geneigt, sie sehr ernst zu nehmen. Es scheint fast unvermeidlich, daß innerhalb des Leibes Christi Leute auftauchen, die überspitzte Moralvorstellungen zur Norm erheben; und daß dadurch die Lebendigkeit des Zeugnisses bedroht wird. Sie versuchen, alle Natürlichkeit durch starre Normen zu unterbinden. Es ließen sich viele Gründe dafür finden, warum das so ist, aber wir wollen sie hier nicht behandeln.

Was uns jedoch hier wichtig ist, ist die Tatsache, daß überspitzte Moralvorstellungen die Verbreitung des Evangeliums hindern. Jesus sagte, daß die Pharisäer durch ihre Lehre „den Menschen das Himmelreich zuschließen" (Matth. 23,13). Jedesmal da, wo Christen besonders betonen, was sie tun müssen, anstatt wie sie sein müssen, wird es zu ähnlichen negativen Ergebnissen kommen.

Jesus behandelte dieses Thema auch in seiner Bergpredigt, wo er sagt: „So soll euer Licht leuchten vor den Leuten, daß sie eure guten Werke sehen und euren Vater im Himmel preisen" (Math. 5,16). Später scheint er sich zu widersprechen: „Habt acht auf eure Frömmigkeit, daß ihr die nicht übt vor den Leuten, auf daß ihr von ihnen gesehen werdet" (Matth. 6,1). Warum sagt Jesus zwei solch widersprüchliche Dinge? Der Kontext kann uns den Unterschied der beiden Aussagen deutlich machen. In der ersten Aussage wird der Gedanke ausgedrückt, daß wir so leben sollen, daß Menschen Gott in uns erkennen können. Die Betonung liegt darauf, daß wir einzigartige, von Jesus geprägte Beziehungen zu Menschen haben und uns in bestimmten Situationen anders verhalten.

Der Kontext der zweiten Aussage Jesu hat zu tun mit unseren „frommen" Aktivitäten: spenden, beten und fasten. Jesus hat nicht gesagt, daß wir diese Dinge nicht tun sollen. Er befiehlt sie uns viel-

* E. Elliot, „The Liberty of Obedience", Waco Texas: Word Books, 1968, S. 45–46.

mehr. Was er sagen wollte, war, daß wir sie nicht an die große Glocke hängen sollen. Warum denn nicht? Es kommt entscheidend auf die Motive unseres Herzens an. Wenn meine christlichen Aktivitäten das sichtbarste Element meines christlichen Glaubens darstellen, dann bin ich wahrscheinlich dabei, mich selbst dadurch zu verherrlichen. Und ich verbreite damit ein falsches Gottesbild. Dieses falsche Gottesbild bewirkt, daß Außenstehende niemals Lust bekommen werden, auch Christen zu werden: wer verzichtet schon gerne auf Nahrung, gibt gerne sein Geld an andere oder verbringt gerne seine Zeit auf den Knien im Gebet, und das alles, um in einen Himmel zu kommen, der einem vielleicht noch nicht einmal gefallen wird? Wir tun dem Evangelium großes Unrecht, wenn wir versuchen, unseren Glauben dadurch zu bezeugen, daß wir unsere moralischen Forderungen öffentlich verkündigen, unsere kirchlichen Aktivitäten jedermann vorzeigen oder unser geistliches Leben genauestens beschreiben. Wenn sich jetzt noch jemand finden sollte, der von dieser Idee begeistert wäre, würde er wahrscheinlich denken: *Vielleicht sollte ich auch Christ werden, aber woher würde ich die Zeit dafür nehmen?*

Von Gnade und Wahrheit erfüllt

Was ist denn nun wirklich ein gutes Zeugnis? Ein Mensch mit einem guten Zeugnis ist jemand, der den Charakter Gottes verkörpert. „Wir haben seine Herrlichkeit gesehen voller Gnade und Wahrheit" (Joh. 1,14). Welch eine anziehende und überzeugende Person war Jesus! Keine gesetzliche Karikatur, sondern das Abbild der Person Gottes! Ich glaube, wirklich Gott verherrlichen heißt, seine Person mit dem ganzen Leben offenbaren. Gnade und Wahrheit, Barmherzigkeit und Gerechtigkeit, das sind untrennbare Eigenschaften Gottes. In Epheser 4,15 wird uns gesagt, daß auch Wahrheit und Liebe untrennbar zusammengehören: „Lasset uns aber wahrhaftig sein in der Liebe." Wahrheit ohne Liebe zerstört, Liebe ohne Wahrheit betrügt.

Sich als Söhne der Wahrheit verhalten

Selbst Jesu Feinde erkannten an, daß Jesus sich der Wahrheit verschrieben hatte. Eines Tages, bevor sie ihm eine Fangfrage stellten, sagten sie zu ihm: „Meister, wir wissen, daß du wahrhaftig bist und lehrst den Weg Gottes recht und fragst nach niemand: denn du achtest nicht das Ansehen der Menschen“ (Matth. 22,16). Als Glieder am Leib Christi sind wir berufen, Christus nachzuahmen und wie er wahrhaftig zu sein. Petrus schreibt über Jesus: „... ist auch kein Betrug in seinem Munde erfunden“ (1. Petr. 2,22). Warum sollte ein guter Zeuge in der Wahrheit leben? Zum einen weil alle unsere gesellschaftlichen und sozialen Probleme, wie zerrüttete Ehen, Armut etc., von unserem Egoismus und unserer Habgier herrühren. Die Probleme beginnen in den Herzen der Menschen; deshalb muß die Lösung der Probleme auch dort ansetzen. Das Gegenteil von Egoismus bewirkt, daß man das Richtige und Gute tut, selbst wenn das Nachteile und Leiden nach sich zieht (vgl. Psalm 15). Das heißt, in der Wahrheit leben.

Unsere Welt braucht solche wahrhaftigen, integren Männer und Frauen unbedingt. Und wenn diese Wahrhaftigkeit und Rechtschaffenheit im Volk Gottes nicht zu finden ist, wo sonst sollte man sie denn finden? Wenn der Christ diese Wahrhaftigkeit vorlebt, zeigt er damit der Welt, daß es eine andere, bessere Art gibt, das Leben zu gestalten.

Die Gnade

Wir können Gottes Gnade nur in unseren Beziehungen zu anderen Menschen weitergeben. Ist Ihnen schon einmal aufgefallen, wieviel Bedeutung Jesus unseren Beziehungen mit anderen Menschen beigemessen hat? Als man Jesus bat, das größte Gebot zu nennen, sagte er, daß sich das ganze Gesetz in zwei Sätzen zusammenfassen läßt (bei beiden geht es um eine Beziehung): „Du sollst lieben Gott, deinen Herrn, von ganzem Herzen, von ganzer Seele und von ganzem Gemüte. ((...)) Du sollst deinen Nächsten lieben wie dich selbst“ (Matth. 22,37–39).

Sehr vieles, was Jesus in der Bergpredigt sagte, beinhaltet im wesentlichen den Aufruf, „heilsame“ Beziehungen zu anderen Menschen einzugehen, Beziehungen, in denen man das Wohl und das Heil des anderen im Auge hat. Hier einige Sätze aus der Bergpredigt in einer modernen Übertragung:

> *„Euch wurde gesagt: Ihr sollt nicht töten. Ich aber sage euch: Seid nicht zornig auf euren Bruder.*

Euch wurde gesagt: Verachtet euren Nächsten nicht. Ich aber sage euch: Setzt euch nicht gegenseitig herab.
Versöhnt euch mit eurem Bruder, bevor ihr die Gemeinschaft mit Gott sucht.
Regelt eure Konflikte mit euren Gegnern schnell und geht damit nicht zum Gericht.
Wer eine Frau mit Begehren ansieht, der hat mit ihr in seinem Herzen schon die Ehe gebrochen.
Ihr habt gehört, daß es heißt: Auge um Auge, Zahn um Zahn. Ich aber sage euch: Ihr sollt euch überhaupt nicht gegen eine böse Person wehren.
Wenn einer dich um etwas bittet, dann gib es ihm; und leih dem, der von dir etwas borgen möchte.
Ihr wißt auch, daß es heißt: Liebe deine Freunde, hasse deine Feinde. Ich aber sage euch: Liebt eure Feinde und betet für die, die euch verfolgen. So erweist ihr euch als Kinder eures Vaters im Himmel. Ihr sollt vollkommen sein, weil euer Vater im Himmel vollkommen ist." (vgl. Matth. 5,17–48).

Das sind schwer verständliche Aussagen Jesu. Man kann sie anscheinend unmöglich in die Praxis umsetzen. Aber so erscheint Gottes Gnade immer – als absolut unmöglich, genau entgegengesetzt dem, was wir instinktiv als richtig „erkannt" haben, egal ob es sich um die Erlösung aus Glauben oder aufgrund von Werken handelt, um unfaires oder faires Verhalten im Alltagsleben.

Die Gnade ist von Natur aus das, was der Mensch am wenigsten verdient hat. Auf dieser Basis fängt Gott seine Beziehung mit uns an, und er will, daß wir auch mit unseren Mitmenschen auf diese gnädige Weise umgehen. Einsicht in diese Wahrheit der Gnade Gottes – so wie wir sie empfangen und weitergeben – könnte der Anfang eines geistlichen Wachstumsprozesses werden. So wie Paulus es formulierte: „Überall breitet diese gute Nachricht sich aus und bringt Frucht. Sie tut es auch bei euch, seit dem Tag, da ihr von Gottes Erbarmen gehört habt und von der Wahrheit dieser Botschaft überzeugt worden seid" (Kol. 1,6 – Die Gute Nachricht).

Alle unsere natürlichen Neigungen widersetzen sich dieser großen Wahrheit. Paul Tournier, der Schweizer Psychiater und Autor, hat festgestellt, daß wir uns selbst gegenüber gerne Gnade walten lassen und daß wir für unsere eigenen Schwächen sehr viel Verständnis haben (z. B. ich habe Übergewicht, weil das bei uns in der Familie

liegt), während wir andere auf gerade solche Dinge aufmerksam machen und sie zur Rechenschaft ziehen (Warum kann er beim Essen keine Disziplin üben?)* Wir müssen das genau umdrehen.
Vielleicht beinhaltet der Begriff „Bekehrung" zum Teil eine solche radikale Kehrtwendung. Damit so etwas passieren kann, müssen wir versuchen zu verstehen, *warum* ein anderer Mensch so und nicht anders ist und dann entsprechend nachsichtig und gnädig sein (während wir uns selber für unser Verhalten zur Verantwortung ziehen sollten). Das ist die Botschaft des 18. Kapitels des Matthäusevangeliums, des Kapitels über die Vergebung: „Hättest du da dich nicht auch erbarmen sollen über deinen Mitknecht, wie ich mich über dich erbarmt habe?" (Matth. 18,33). Die letzten Verse dieses Kapitels enthalten eine Warnung an uns:
„Und sein Herr ward zornig und überantwortete ihn den Peinigern, bis daß er bezahlt hätte alles, was er ihm schuldig war, so wird euch mein himmlischer Vater auch tun, wenn ihr nicht vergebet von Herzen, ein jeglicher seinem Bruder" (Matth. 18,34+35).
Unbarmherzige Worte zum Thema „Vergebung"! Wie ist das möglich? Ich frage mich, ob Jesus nicht damit sagen will: Wenn ihr nicht vergebt, wenn ihr in euren Beziehungen mit euren Mitmenschen nicht Gnade walten laßt, ist das ein sicheres Indiz, daß ihr die Bedeutung des Kreuzes niemals verstanden habt!
Wenn wir freundlich und wohlwollend behandelt werden, können wir am eigenen Leibe erfahren, was Erlösung und Befreiung von Schuld bedeuten. Sind Sie jemals akzeptiert und verstanden worden, als sie das genaue Gegenteil erwartet und verdient hatten? Das ist eine überwältigende Erfahrung. Um so besser, wenn Sie selber mit einem anderen so gnädig umgehen.
Wir können also abschließend sagen, daß ein „guter Zeuge" ein Mensch ist, dessen Lebensqualität ihn als Kind seines himmlischen Vaters, voller Gnade und Wahrheit ausweist. Wie sein Vater übt dieser Mensch einen positiven, heilsamen Einfluß auf seine Umgebung aus, angefangen bei dem engeren Kreis seiner Familie bis hin zu dem Menschen am Rande, zu seinen Feinden.

* P. Tournier, „The Person Reborn", New York, Harper and Row, 1966, S. 128–129.

12. Eine attraktive Alternative anbieten

– Das Christsein praktisch vorleben

Wie wir festgestellt haben, übt der gute Zeuge Christi einen heilsamen Einfluß auf seine Umgebung aus. Wo immer er auch hingeht, sät er Leben und Hoffnung statt Verzweiflung, Konflikte oder Tod. Als solch ein Zeuge Christi ist er die wichtigste Person in unserer Gesellschaft. Jesus nennt ihn „Salz der Erde", „Licht der Welt" und „guter Same". Er ist eine einzigartige Ausnahme in einer Welt, die jegliche Orientierung verloren hat.

Eines Tages (zu dieser Zeit wurde gerade der Watergateskandal aufgedeckt) mußte ich nach Washington fliegen. Ich war so vertieft in ein Buch über Politik, daß ich den neben mir sitzenden Mann gar nicht bemerkte. Meine Lektüre schien ihn sichtlich zu interessieren, denn er fing ein Gespräch mit mir darüber an. Ich erfuhr, daß er von Beruf Anwalt für arbeitsrechtliche Fragen war.

Wir kamen dann auch auf die Watergateaffäre zu sprechen. Ich fragte ihn, was seiner Meinung nach die grundlegenden Ursachen dafür wären. Er nannte zwei Gründe: die Unfähigkeit der Politiker zu regieren und den Verlust des Kontakts mit dem Mann auf der Straße.

Ich erwiderte ihm, daß es in meinen Augen mindestens noch einen weiteren Grund gäbe, und das wäre das Fehlen von absoluten, moralischen Wertmaßstäben. Da er nicht verstand, was ich sagen wollte, erläuterte ich mein Argument anhand eines Beispiels.

Zu Beginn der 60er Jahre haben mehrere Restaurantinhaber in Kalifornien angefangen, Oben-ohne-Kellnerinnen einzustellen. Die Bewohner dieser Gegend strebten einen Prozeß wegen unmoralischen Verhaltens an. Sie gewannen vor dem Gericht des amerikanischen Bundesstaates Kalifornien. Die Restaurantbesitzer legten beim obersten amerikanischen Gerichtshof Berufung ein. Das erste Gerichtsurteil wurde widerrufen und damit bekamen die Restaurantinhaber die Genehmigung, weiter diese Oben-ohne-Kellnerinnen zu beschäftigen.

Ich wies meinen Gesprächspartner darauf hin, daß das Berunruhigende an der ganzen Sache das Argument sei, aufgrund dessen die

Restaurantbesitzer den Prozeß gewonnen hatten. Das Gerichtsurteil des Obersten Gerichtshofs (zusammen mit ähnlich gelagerten Fällen) schuf im amerikanischen Recht einen Präzedenzfall, der das gesamte Gesellschaftssystem untergräbt. Die Besitzer gewannen den Prozeß mit dem Argument: „Einige der führenden Persönlichkeiten der Stadt besuchten die Restaurants. Da man davon ausgehen kann, daß diese Personen die moralischen Wertmaßstäbe der ganzen Stadt widerspiegeln, und da es die Bürger einer Stadt sind, die die Wertmaßstäbe festlegen, ist es also rechtmäßig, was in den Restaurants geschieht, weil es von den Bürgern akzeptiert wurde."

Wenn wir diesem Argument erst einmal zugestimmt haben, daß es Sache der Bürger ist zu entscheiden, was recht oder unrecht ist, dann haben wir dem totalen Relativismus Tür und Tor geöffnet. Um das Ganze auf die Spitze zu treiben: mit demselben Argument könnten die führenden Bürger einer Stadt auch entscheiden, daß sie keine Spanisch sprechenden Leute oder andere Volksgruppen mögen, und hätten damit sogar eine Rechtfertigung, sie zu töten!

Zurück zu Watergate: die Angeklagten haben immer wieder gesagt, daß sie nur getan haben, was dem Ziel dienen sollte, Präsident Nixon im Amt zu halten. Wenn es einmal dahin gekommen ist, daß „Recht" genannt wird, was immer zur Erreichung eines Ziels zweckdienlich ist, dann führt das zur Auflösung von Recht und Ordnung. Mein Nachbar und ich dachten eine Weile über die verhehrenden Folgen einer Gesellschaft ohne absolute Werte nach. Die nun folgende Frage mußte so gestellt werden: „Welche absoluten Werte würden Sie denn vorschlagen?" Ich sagte ihm, daß ich Christ sei. Da er nicht verstand, was das mit unserem Thema zu tun hatte, holte ich weiter aus: „Nehmen wir für einen Augenblick an, daß Sie und ich Christen seien. Das würde bedeuten, daß wir beide an einen Gott glauben würden, der dann für uns ein Absolutum wäre?" Er stimmte zu. „Aber selbst wenn es Gott gäbe, würde uns das nicht viel bringen, wenn er uns nicht gesagt hätte, warum wir überhaupt leben? Genau das sagt uns aber die Bibel: sie ist Gottes Wort, und sie kann uns den Sinn unseres Lebens deutlich machen. So hätten wir – Sie und ich – also als Christen einen absoluten Maßstab: Gott und sein Wort. Das wäre doch eine echte Basis für unser Handeln?"

Diese Gedanken führten uns in ein interessantes und angeregtes Gespräch über Jesus Christus.

Es ist eine Tatsache, daß sich der Mensch in einer Gruppe nicht ohne moralische Wertmaßstäbe entfalten kann. Das trifft auch auf das Leben des einzelnen zu, auch wenn es dort weniger augenfällig wird. Während eines kurzen Aufenthalts in den USA vor einigen Jahren zogen wir als Familie in eine neue Stadt. Zu unseren ersten Freunden gehörte ein junges Ehepaar, das ein paar Häuser weiter in derselben Straße wohnte. Bei einem gemeinsamen Abendessen erzählten meine Frau und ich ihnen, daß wir vorhatten, einige unserer Nachbarn einzuladen. Wir wollten mit ihnen im Lichte der Bibel über gemeinsam gelagerte Probleme wie Ehe, Familie oder andere Beziehungen sprechen. Sie waren begeistert. Der Mann sagte: „Ich glaube, daß jeder in diesem Wohnbezirk bereit wäre zu kommen. Der Grund, keines dieser Ehepaare ist wirklich ‚glücklich'."

Wir leben tatsächlich in einer neurotischen Gesellschaft. Es gibt überall Probleme und Spannungen, der einzelne stellt sich „Überlebensfragen": Wie gehe ich mit Gefühlen von Sinnlosigkeit und Unsicherheit um? Wie kann ich diese Ehefrau ertragen? Was soll ich mit meinen Kindern machen?

Weder unsere Soziologen noch unsere Philosophen haben Antworten auf solche existentiellen Fragen. Die existentialistische Philosophie, die sich eingehend mit unserer Zeit beschäftigt hat, sagt uns, daß alle Ideologien gefährliche Illusionen sind. Sie und andere mit ihnen kamen zu dem Schluß, daß es auf die grundlegenden, entscheidenden Fragen des Menschen keine wirklichen Antworten gibt. Mit dieser These kommen sie der Wahrheit so nahe, wie ein Nichtchrist der Wahrheit nahe kommen kann. In Jesaja 50,11 sagt Gott: „Siehe, ihr alle, die ihr ein Feuer anzündet und Brandpfeile zurüstet, geht hin in die Glut eures Feuers und in die Brandpfeile, die ihr angezündet habt! Das widerfährt euch von meiner Hand; in Schmerzen sollt ihr liegen."

Als Jesus sagte: „Ich bin die Wahrheit", war das wirklich eine gute Nachricht. Er ist die Mitte unseres Lebens. Von ihm her ist es dem Christen möglich, mit Zuversicht durch die Kartenhäuser menschlicher Philosophien einen geraden Weg zu gehen. Wenn der Christ in dem Licht und in der Wahrheit lebt, die Jesus Christus selber ist, dann ist er eine Nachricht Gottes an die Welt, die zeigt, daß es eine echte Alternative *gibt.*

13. Einheit von Glaube und Leben

– Das Wertsystem der Christen

In Epheser 5,8 lesen wir: „Denn ihr waret vormals Finsternis; nun aber seid ihr Licht in dem Herrn. Wandelt wie die Kinder des Lichts."

„Licht sein" erfordert eine Übereinstimmung, eine Harmonie zwischen Gottes Wegen und unseren eigenen Wegen. Diese Harmonie wird jedoch ständig von den unterschwelligen, oft kaum zu erfassenden Einflüssen bedroht, die unsere Gesellschaft auf uns ausübt.

Jesus nahm in seinen Ausführungen über den Sauerteig auf diese Bedrohung Bezug. Er warnt seine Jünger: „Hütet euch vor dem Sauerteig der Pharisäer und Sadduzäer" (Matth. 16,6) und: „Sehet euch vor vor dem Sauerteig des Herodes" (Mark. 8,15). Der Sauerteig ist ein Bild für die menschliche Unvollkommenheit (vgl. 2. Mose 12,15–20; 13,3–8; 3. Mose 2,11; 1. Kor. 5,6–8). Jesus warnt uns davor, unvollkommene menschliche Ideen und Vorstellungen mit Gottes Wahrheit zu vermischen und zu verwechseln. Die Pharisäer konnten nicht mehr unterscheiden zwischen ihrer eigenen religiösen Tradition und dem, was die Schriften wirklich sagten. Die Sadduzäer waren die Philosophen der jüdischen Gesellschaft, und Herodes stand für das weltliche System. Es scheint fast unvermeidlich, daß sich diese drei Einflußbereiche – Tradition, Philosophie und Gesellschaft – einen Weg in das Wertsystem jeder christlichen Gemeinschaft bahnen. Diese Einflüsse sind so subtil, daß ein Christ es nicht einmal bemerken muß, wenn er fast ganz nach heidnischen Wertmaßstäben lebt.

Ich kam zu dieser Erkenntnis, als wir nach Brasilien in eine völlig andere Kultur übersiedelten. Wir merken nichts von kulturellen Unterschieden, solange wir nicht der einzigen Kultur, die wir wirklich kennen, den Rücken kehren. Ein Fisch bemerkt das Wasser nicht, in dem er schwimmt. Und so wissen auch wir nichts von unserer Kultur und von dem Einfluß, die sie auf unsere Gedanken und unser Verhalten ausübt. Oft müssen wir erst einmal aus unserem eigenen Kulturkreis heraustreten, um ihn und uns selbst zu verstehen.

Ich habe mittlerweile erkannt, daß jeder, der kulturelle Grenzen überschreitet, ähnliche Erfahrungen macht. Einer meiner Freunde, Bob Malcolm, der viele Jahre auf den Philippinen als Missionar tätig war, sagte mir einmal: „Die meiste Zeit auf den Philippinen habe ich damit verbracht, herauszufinden, was an meinem Glauben von Amerika oder von den Philippinen geprägt war und was wirklich christlich war. Ich kam zu dem Schluß, daß das meiste zu den beiden ersten Kategorien gehörte."

Je mehr wir in die brasilianische Kultur hineinwuchsen, desto klarer wurde uns, woher unser Wertsystem stammte. Ich war entsetzt, als ich entdeckte, daß mein sogenanntes „biblisches Christentum" gar nicht biblisch sondern kulturell geprägt war. Meine Einstellung zur Arbeit und zu materiellen Dingen entstammte einem kulturellen Zerrbild der puritanischen Arbeitsmoral. Meine Denkweise und meine Art, Probleme zu lösen, waren geprägt von der Computerrevolution. Die moderne Marktwirtschaft und das Konsumdenken hatten einen Einfluß darauf, was für mich Fortschritt war und woran ich ihn maß. Die Werbung und das Fernsehen hatten dazu beigetragen, welchen Lebensstandard ich haben wollte. Ich entdeckte, daß ich als Erbe der amerikanischen Geschichte einen größeren Hang zur Gewalt hatte als die Leute, denen ich das Evangelium weitersagen wollte. Meine Vorstellungen von Kindererziehung waren vom Humanismus beeinflußt. Selbst die Frauenbewegung und die Beatles hatten Auswirkungen auf mein Leben. Was für ein Schock, als ich bemerkte, wie zusammengewürfelt mein sogenanntes biblisches Christentum war. Mein Christsein war nichts anderes als eine Subkultur.

Als mir dies klar wurde, fragte ich mich: Will ich meinen brasilianischen Freunden eine Botschaft der Subkultur bringen? Ich war der Meinung gewesen, ich müßte mein Christentum „brasilianisieren". Aber dann bemerkte ich, daß das nur wieder eine andere christliche Subkultur hervorbringen würde, denn alle menschlichen Systeme sind unvollkommen.

Zu dieser Zeit fiel mir beim Bibelstudium immer wieder der Begriff „Reich Gottes" ins Auge. Für mich gehörte dieses „Reich" zu den Themen in der Bibel, die ich am liebsten übersprang. Es schien so weit entfernt und gehörte zu den abstraktesten biblischen Wahrheiten. Aber dann fing ich eines Tages aus irgendeinem Grund an, dieses Wort „Reich", sooft es mir in der Bibel begegnete, zu unterstreichen. Das machte ich zwei Jahre lang, ohne zu wissen warum. Wenn ich versuchte, jemand zu erklären, was ich an diesem Punkt lernte, war ich jedesmal sprachlos – ein sicheres Zeichen, daß ich die einzelnen Puzzleteile noch nicht zusammengebastelt hatte. Ich bat Gott, mir an diesem Punkt Klarheit zu schenken, denn ich hatte jetzt auf fast jeder Seite der Bibel diesen Begriff des Reiches gefunden. *Ein derart vorherrschendes Thema mußte doch von großer Bedeutung sein!*

Dann endlich erkannte ich, daß es eine dritte Alternative gibt: weder ein amerikanisches noch ein brasilianisches Christentum, sondern ein Christentum, das sich aus der Lebensweise des Reiches ergibt, der Kultur des Reiches Gottes! Nicht eine menschliche, unvollkommene, soziale oder politische Ordnung, sondern das weltweite und vollkommene Reich Gottes, ein total neuer Lebensstil! Und diesen Lebensstil hatte Gott auf wunderbare Weise für sein Volk vorbereitet! Wenn wir uns diese einzigartige Königreichskultur zum Ziel setzen, dann kommen alle unsere Ungereimtheiten, alle Bereiche, die bis dahin vom heilsamen Umwandlungsprozeß ausgeschlossen waren, zum Vorschein. Keine andere biblische Wahrheit unterstreicht so sehr die radikale Besonderheit des christlichen Lebensstils wie die Lehre vom Reich Gottes.

Als Jesus von diesem Reich sprach, nahm er auch Bezug auf die Gefahren des Sauerteigs. Wie kommt dieser Sauerteig zustande? In Markus 7,6–13 beschreibt Jesus die einzelnen Etappen, wie er entsteht. Er zeigt uns, daß es sich hier um einen Prozeß handelt, der oft mit einer guten Idee beginnt. Diese gute Idee ist sogar so gut, daß wir übereinkommen, sie zur Norm, zur Regel zu erheben. Daraus folgt, daß eine menschliche Idee genausoviel Gewicht wie das Wort Gottes bekommt.

Auf der nächsten Stufe wird das Wort Gottes vernachlässigt, während die gute Idee beibehalten wird. Mittlerweile hat sich aus der guten Idee eine Tradition entwickelt. Bald gefällt uns die Tradition besser als das Wort Gottes, so wird sein Wort beiseite geschoben. Schließlich hat sich der Kreis geschlossen: die Tradition tritt an die Stelle des Wortes Gottes. Jesus sagt: „Und hebt so Gottes Wort auf durch eure Satzungen (eure Traditionen), die ihr aufgestellt habt" (Mark. 7,13). Das tritt immer dann ein, wenn sich unsere religiösen Traditionen gegen den Willen Gottes richten.

Um das an einem Beispiel deutlich zu machen, wollen wir eine der segensreichsten und beliebtesten Einrichtungen der amerikanischen

Gemeinden betrachten: die Sonntagsschule. Ursprünglich war die Sonntagsschule eine glänzende Idee. Sie war eingerichtet worden, um Kindern nichtchristlicher Eltern, die zu Hause das Evangelium nicht hören konnten, biblischen Unterricht zu erteilen. In der ersten Zeit haben christliche Eltern, die etwas auf sich hielten, ihre Kinder nicht zur Sonntagsschule geschickt. Das wäre ja einem Geständnis ihres Versagens gleichgekommen. Sie wären als Eltern angesehen worden, die ihrer Verantwortung, ihre Kinder im Sinn von 5. Mose 6,6–7 zu unterrichten, nicht nachgekommen wären: „Diese Worte, die ich dir heute gebiete, sollst du zu Herzen nehmen und sollst sie deinen Kindern einschärfen und davon reden, wenn du in deinem Hause sitzt oder unterwegs bist, wenn du dich niederlegst oder aufstehst." Aber der Segen der Sonntagsschule zeigte sich bald so deutlich, daß die christlichen Eltern ihre Meinung änderten. Bald ließ es sich ein christliches Ehepaar, das etwas auf sich hielt, nicht nehmen, ihre Kinder zur Sonntagsschule zu schicken.
Der nächste Schritt ist voraussagbar: Der Vater versäumt seine von der Bibel geforderte Verantwortung, seine Kinder in Gottes Wort zu unterweisen und verläßt sich an diesem Punkt ganz auf die Gemeinde. Das ist aber eine Pflicht, die eine Gemeinde schlicht nicht erfüllen kann – sie ist Aufgabe der Eltern. Die Sonntagsschule kann einen Beitrag leisten, aber sie kann nicht die Aufgabe übernehmen, die allein dem Vater zukommt.
Wir finden hier die einzelnen Stufen wieder, die Jesus in Markus 7 anspricht. Wenn der Vater seiner Verantwortung nicht nachkommt, rennt er in sein eigenes Unglück. Der Wunsch, ein glaubwürdiges Leben als Christ zu führen und eine tiefere Bibelerkenntnis zu bekommen, verschwindet langsam aber sicher. Und damit auch die Fähigkeit, seine Kinder zu lehren. Wenn der Vater die Verantwortung für seine Familie abgibt, kann er leicht vom Weg des Glaubens abkommen.
Wenn es etwas gibt, das mich ansporst, mein geistiges und geistliches Leben zu kultivieren, dann ist das die Erkenntnis, daß meine Kinder und Kindeskinder alles übernehmen, was ich denke und tue. Unsere Heiligung erscheint von dieser Warte aus als etwas Sinnvolles (vgl. 5. Mose 4,39–40).
Also wie kommt es, daß sich Ungereimtheiten wie ein Sauerteig immer wieder in unser Christsein einschleichen? Um es noch einmal zusammenzufassen: die gute Nachricht wird in Verhalten umgesetzt

und dieses Verhalten wird zur Gewohnheit. Die Gewohnheit wird zur bloßen Sitte und dadurch zur Form ohne Inhalt. Genauso kann der Glaube zum bloßen Glaubensbekenntnis werden und im bloßen Lippenbekenntnis enden.

Was hat das Ganze nun mit dem Erreichen Fernstehender zu tun? Sehr viel sogar. Ein Leben, in dem Leben und Glaube übereinstimmen, eine Einheit bilden, ist der Schlüssel zu einem natürlichen Weitergeben der Botschaft. Und Natürlichkeit ist das Geheimnis, wie aus einem abstoßenden ein anziehendes Zeugnis wird.

Aber da, wo unser Leben nicht mit unserem Glauben übereinstimmt, müssen wir uns verstellen, um unsere Botschaft an den Mann zu bringen. Wir müssen uns der Frage stellen: woher beziehe ich meine Ansichten über: Geld, Erfolg, Ehe, Kindererziehung, Berufsleben, Zeiteinteilung, Sexualität, Menschen, Vergnügen, Bildung, Fortschritt, Gesellschaft, Sport, Politik, Verbände, Religion? Habe ich überhaupt irgendwelche biblisch fundierte Überzeugungen? Es ist nicht zu vertreten, daß ein Christ seine Wertmaßstäbe von der Welt entleiht. In einer englischen modernen Bibelübersetzung von Römer 12,2 heißt es:

> *„Laßt nicht zu, daß die Welt um euch her euch in ihr Schema preßt, sondern übergebt euch Gott, damit er eine neue Schöpfung aus euch macht und euer ganzes Denken umwandelt."*

Wenn wir wirklich sagen können, daß alle unsere Wertmaßstäbe auf Gottes Wort beruhen, dann wird es in allen Bereichen unseres Lebens unendlich einfacher, unseren Glauben anderen weiterzugeben. Wenn wir irgendein Thema tief genug besprechen, wird es uns schließlich zum Evangelium führen. Wir müssen jederzeit bereit sein, anderen zu erklären, warum wir so sind, wie wir sind (vgl. 1. Petrus 3,15). Als ich gerade Christ geworden war, versuchte ich meinen Freunden meinen Glauben zu bezeugen – wußte aber nie, wie ich den Einstieg in das Gespräch bekommen sollte. Ich wußte fast nie, was ich sagen sollte. Ich fing an, mir mögliche „Einstiegsfragen" in einem Buch zu notieren. Diese Fragen wollte ich stellen, um zum Thema zu kommen. Unter anderem waren es Fragen wie: Gab es einen Zeitpunkt in Ihrem Leben, an dem Sie ernsthaft daran gedacht haben, Christ zu werden? Wie hat Ihnen die Predigt gefallen? Interessieren Sie sich für geistliche Dinge? – Solche Fragen können eine Hilfe sein. Aber meist schlagen sie auf mich zurück. In einem ganz normalen Gespräch versuchte ich, diese Fragen wie „zufällig" einzuflechten. Und von diesem Punkt an wurde alles unnatürlich. Mein „Opfer“ verkrampfte sich und fühlte sich ebenso unwohl und nervös wie ich. Dann fing ich in dieser „spannungsgeladenen“ Atmosphäre an, das Evangelium darzustellen. Das ganze Gespräch war ebenso unnatürlich wie die Einstiegsfrage. Ich bedrängte meinen Gesprächspartner hart mit dem Angebot des ewigen Lebens und erzählte ihm ganz vage von einer Freude schon hier auf Erden. Da, wo der Glaube nicht mit unserem Leben übereinstimmt, können wir nur solche vagen Angaben über das Christsein machen. Wir haben ihm kein besseres Leben anzubieten als das, was er schon hat. Selbst das Angebot des ewigen Lebens besitzt keine besondere Anziehungskraft für ihn. Er hat schon jetzt seinem irdischen Leben gegenüber gemischte Gefühle: er liebt und haßt es gleichzeitig, aber er findet es nicht attraktiv genug, um es ewig fortzusetzen.

Vor einigen Jahren war ich für mehrere Wochen von zu Hause fort. Da ich ständig mit Menschen zu tun hatte, war es mein sehnlichster Wunsch, eine Weile allein zu sein. Als ich dann ins Flugzeug kam, wählte ich einen Platz am Gang. Der mittlere Sitz war nicht belegt und am Fenster saß eine junge Frau. Schon vor dem Abflug vertiefte ich mich absichtlich in ein Buch. Ich wollte mir damit Leute vom Halse halten. Aber meine Reisegefährtin wollte unbedingt mit mir reden. Sie fragte: „Was lesen Sie denn da?“ – „Ein Buch“, antwortete ich.

„Wie heißt es?“ – „‚Psychokybernetik‘ von Maxwell Maltz.“ – „Studieren Sie Psychologie?“ – „Nein“. Die Unterhaltung war einsilbig. Jetzt heulten die Flugzeugmotoren los und wir fuhren auf die Piste. Meine Nachbarin ließ sich nicht entmutigen. Ich hatte eine Erkältung und konnte fast nichts verstehen. Schließlich legte ich mein Buch beiseite und setzte mich auf den freien Platz neben sie, und wir fingen an, uns zu unterhalten. Ich merkte sehr bald, daß sie eigentlich nur auf Partnersuche war. Ohne Umschweife sagte ich: „Ich bin viel auf Reisen und fühle mich oft einsam. Ich bin vielen Versuchungen ausgesetzt, meiner Frau untreu zu werden. Aber ich habe mich entschieden, daß es sich nicht lohnt. Ich weiß, daß ich sie betrügen könnte, aber die Basis unserer Beziehung ist Liebe und Vertrauen. Sie vertraut mir und ich vertraue ihr. Mir ist im Laufe meines Lebens klar geworden, daß der Sinn des Lebens weder in Dingen liegt, die man heimlich tut, noch in größeren Leistungen, noch in einer beruflichen Position, noch in der Freizeitgestaltung. Ich habe entdeckt, daß eigentlich erst die Beziehungen zu anderen Menschen Sinnerfüllung geben. Aus diesem Grund möchte ich auch nicht die beste Beziehung, die ich zu einem Menschen habe, zerstören. Selbst wenn meine Frau es nicht bemerken würde, daß ich ihr untreu gewesen bin und es mir gelingen würde, es vor ihr zu verbergen, dann würde *ich* es doch immer noch wissen. Sie würde mir mit blindem Vertrauen begegnen, und ich wäre gezwungen, mich auf die eine oder andere Weise von ihr zu distanzieren. Wir würden auseinandergetrieben, und sie würde niemals wissen warum. Bald würden wir dann wie Fremde unter einem Dach leben. Diejenigen, die es das meiste kosten würde, wären meine Frau und meine Kinder. Das wäre wirklich der Gipfel an Egoismus."

Meine Gesprächspartnerin war wie vom Donner gerührt. Dann erzählte sie aus ihrem eigenen Leben: „Ich bin 24. Ich sollte ans Heiraten denken, aber alle meine verheirateten Freunde haben noch außereheliche Beziehungen. Wenn so die Ehe aussieht, habe ich kein Interesse. Wenn meine Freundinnen am Wochenende verreisen, dann kommen ihre Ehemänner zu mir. Sie sind wie kleine Jungs. Ich glaube, ich könnte es nicht ertragen, wenn mein Mann auch so wäre." Und dann sagte sie: "Ich habe noch nie solche Gedanken wie ihre gehört. Woher haben Sie die?" – „Sie würden lachen, wenn ich es ihnen sagen würde." – „Das werde ich nicht tun." – „Sie kommen aus der Bibel", antwortete ich.

Ich versuchte, ihr die christliche Botschaft zu erklären: wie dadurch Menschen verändert werden und sie ihr Leben in Ordnung bringen können. In diesem Augenblick setzte das Flugzeug zur Landung an. Wie schade! Wir waren noch mitten in der Erklärung. Sie war brennend an allem interessiert, was ich sagte, aber wir mußten uns trennen.

Einige Zeit später, als ich aus dem Flughafengebäude heraustrat, sah ich sie umringt von zehn ihrer Freunde, die sie abgeholt hatten. Das waren dieselben Freunde, von denen sie mir im Flugzeug erzählt hatte. Sie winkte mir zu und stellte mich ihren Freunden vor. Ich stand 10 Minuten bei ihnen, während sie den anderen von unserem Gespräch erzählte. Ich fühlte mich total frustriert: wenn ich doch nur einige Tage mit diesen Leuten verbringen könnte! Ich hätte vielleicht dazu beitragen können, daß ihre Dunkelheit in Licht verwandelt würde. Ich fühlte mich unersetzbar, aber ich mußte meine Reise fortsetzen.

Gott bereitete mich auf eine noch größere Lektion vor. Gott ist derjenige, der die Versöhnung zwischen ihm und dem Menschen bewirkt, nicht wir. Nur ein Jahr nach dieser Begebenheit kam ich noch einmal in dieselbe Stadt. Am Sonntagmorgen ging ich dort in den Gottesdienst. Die Frau, mit der ich im Flugzeug gesprochen hatte, kam auch in diese Kirche und setzte sich genau vor mich. Nach dem Gottesdienst begrüßte ich sie und wollte mich vorstellen. Das war nicht nötig. Sie rief gleich aus: „Natürlich erinnere ich mich an Sie! Ich werde unser Gespräch nie vergessen. Dadurch wurde mein Leben total verändert!"

Diese Geschichte zeigt, wie wir mit biblisch fundierten Wertmaßstäben jede Unterhaltung in ein Gespräch über das Evangelium verwandeln können.

Aber ich muß bekennen, daß ich auch heute noch mit Ängsten zu kämpfen habe, wenn wir neue Nachbarn bekommen, wenn wir umziehen oder wenn ich Leuten begegne, die ich nicht kenne. Ich reagiere oft zuerst ängstlich und vorsichtig. Wie werde ich diesen Menschen ansprechen können? Er sieht nicht aus, als würde er Interesse haben. Ich muß mich selbst daran erinnern, daß die Barrieren zwischen uns verschwinden, wenn wir uns näher kennengelernt haben. Jedes Gespräch bei einem Essen oder einem gemeinsamen Ausflug wird uns früher oder später dahin führen, über geistliche Dinge zu reden. Über *irgend etwas* würden wir sowieso sprechen und alle Gespräche werden schließlich bei Jesus Christus enden.

Melker, ein Priester aus dem 1. Jahrhundert, beschreibt das folgendermaßen: „Das Reich Gottes muß in uns beginnen, in unserem Herzen und dort regieren; dann werden aus den Tiefen unseres Seins die äußeren Aktivitäten in Übereinstimmung mit den offenbarten und niedergeschriebenen Lehren und Geboten Gottes fließen..., bis das Äußere dem Inneren gleich ist, und so geht es vom einzelnen zu den Völkern."*

* Brief von Melker, einem Priester aus dem 1. Jahrhundert der Synagoge von Bethlehem, an den Hohen Sanhedrin der Juden in Jerusalem, übersetzt von Dr. McIntosh und Dr. Twyman, „The Archko Volume", New Canaan, Connecticut, Keats Publishing Inc., 1975, S. 71–72.

14. Die Gefahr der Abkapselung

– Wenn Absonderung zur Abkapselung wird

Martin Marty, ein Theologieprofessor von der Universität Chicago, schreibt in einem Artikel des "Wall Street Journal" vom 11. 7. 80: „Wenn Sie zu einer christlichen Subkultur gehören, dann spielt sich Ihr ganzes Leben darin ab. Sie gehen zur Kirche, Sie kaufen religiöse Bücher, schauen sich religiöse Fernsehprogramme an. Aber wenn Sie nicht zu dieser Subkultur gehören, dann wissen Sie noch nicht einmal, daß es sie gibt."

In diesem Artikel kommt zum Ausdruck, in welchem Ausmaß sich evangelikale Christen von der Welt, in der sie leben, distanziert haben. Die Untertitel spiegeln die Schlußfolgerung des Schreibers wider:

- Eine Erweckung ergreift das Land, jedoch ohne nennenswerte Auswirkung auf die Welt.
- Die Christen meiden diese sündige Welt
- Angst vor dem Engagement

In einem anderen Zeitungsartikel ist zu lesen: „Die gegenwärtige evangelikale Erweckung hat bis heute wenig mehr als Neugierde bei den Nichtchristen hervorgerufen... Diese Bewegung hat die amerikanische Gesellschaft weit weniger beeinflußt als die große Erweckung des 18. Jahrhunderts."

Er merkt außerdem an, daß es bei den Evangelikalen eine Tendenz gibt, die sich historisch nachweisen läßt, sich nämlich von jeglichem Engagement in der säkularisierten, sündigen Welt zurückzuziehen.

Die Kluft zwischen Kirche und Welt wurde mir zu Beginn meines Aufenthalts in Brasilien sehr bewußt. Kurze Zeit, nachdem Osvaldo (der Student, den meine zweistündige Darstellung des Evangeliums unbewegt gelassen hatte) Christ geworden war, luden wir ihn ein, bei uns zu wohnen. Er lebte drei Jahre bei uns im Haus. Wir profitierten voneinander: wir lehrten ihn alles, was wir konnten, über Nachfolge und Gehorsam gegenüber Gottes Wort. Er lehrte uns, was er konnte, über Brasiliens Sprache und Kultur.

In dem Maße, wie Osvaldos Liebe zu Gott wuchs, wurde auch die Beziehung zwischen ihm und mir tiefer. Er wurde mir bald zu einem treuen Freund. Und ich fand, es wäre nun allmählich an der Zeit, ihn mit in den Gottesdienst zu nehmen. Das war Osvaldos erste Konfrontation mit dem Protestantismus. Alles schien gut zu laufen. Er kam immer mit, äußerte sich aber nie darüber, wie es ihm gefiel. Ich beobachtete, daß ihm irgend etwas Schwierigkeiten machte. Eines Sonntags, als wir nach Hause gingen, sagte ich zu ihm: „Dir scheinen die Gottesdienste nicht so ganz zu gefallen, oder?" Endlich öffnete er sich und stellte seine Fragen: „Warum singen sie auf diese Art und Weise? Warum verändern sie ihre Stimme beim Beten?" Und so fort. Seine Fragen waren ernsthaft – er suchte wirklich nach Antworten. Aber sie brachten mich aus der Fassung. Ich versuchte ihm zu antworten, aber ich merkte, daß es mir nur sehr schlecht gelang. Und das brachte mich ebenfalls aus der Fassung.

Die Zeit verging, aber Osvaldos Fragen blieben bei mir hängen. Seine Fragen bewirkten, daß ich die Gottesdienste jetzt mit den Augen eines „Außenstehenden" sah. Ich mußte zugeben, daß es auf beiden Seiten scheinbar unüberwindliche Verständigungsprobleme gab. Ein Neuer würde sich niemals in unseren Gemeinden wohlfühlen, es sei denn, daß er sich in seinem Lebensstil an uns anpassen würde. Und die Gemeinden wären nicht bereit, ihn in ihre Gemeinschaft aufzunehmen, ehe er diese Änderung nicht vollzogen hat. Manchmal akzeptieren junge Christen diese Bedingungen und unterwerfen sich ihnen. Das ist sogar sehr häufig der Fall. Aber solche Veränderungen sind zweifelhafte Siege, denn sie gehen oft auf Kosten der Verständigung mit dem früheren Bekanntenkreis der Neubekehrten.

Wir geben es zwar nicht gerne zu, aber für Neubekehrte, die aus einer säkularisierten Welt kommen, gibt es oft keine Gemeinde, der sie sich anschließen könnten. Kulturell gesehen, trennen sie und unsere Gemeinden Welten. Dieser Tatbestand gilt noch mehr für die unerreichten Volksgruppen, die eine ganz andersartige Kultur haben. Ich bin offensichtlich nicht der einzige, der so denkt. In dem Buch „Let The Earth Hear His Voice" stellt Ralph Winter die Frage: „Sind wir darauf vorbereitet, daß die meisten Nichtchristen, die noch zum Glauben finden werden – selbst in unserem Land – nicht richtig in den Stil, den wir in unseren Gemeinden haben, hineinpassen?"*

* Ralph Winter, „The Highest Priority: Cross Cultural Evangelism", in: „Let the Earth Hear His Voice", Minneapolis, World Wide Publications, 1975, S. 221.

Es gibt verschiedene Gründe dafür, warum die Kirche und die Welt so weit voneinander entfernt sind. Wir können hier an dieser Stelle nicht ausführlich auf alle Punkte eingehen. Einige Gründe dafür sind positiv und andere negativ. Was uns hier wichtig ist, ist die Tatsache, daß Jesus Christus die Kirche in die Welt gesandt hat, und daß wir aus diesem Grund auf keinen Fall den Kontakt mit denen in der Welt verlieren dürfen.

Kurz vor seinem Tod nennt Jesus seinem Vater seine Pläne für die Kirche: „Und ich bin nicht mehr in der Welt; sie aber sind in der Welt (...) sie sind nicht von der Welt, wie denn auch ich nicht von der Welt bin. Ich bitte nicht, daß du sie von der Welt nehmest, sondern daß du sie bewahrest vor dem Bösen. (...) Gleichwie du mich gesandt hast in die Welt, so sende ich sie auch in die Welt" (Joh. 17,11; 14–15; 18). Der Grund, warum Gott uns noch in der Welt läßt, ist, daß wir vorrangig für sie leben sollen und nicht so sehr für uns selbst. Aber der Herr erkannte schon, als er uns diesen Auftrag gab, vor welchem Dilemma wir stehen würden: *in* der Welt leben und doch nicht *von* der Welt sein. Wie kann ein Christ dem Befehl gehorchen: „Gehet aus von ihnen und sondert euch ab" und gleichzeitig „in die Welt gesandt sein"? (Joh. 17,18). Im Laufe der Kirchengeschichte war immer wieder die falsche Haltung der Christen zur Welt der Konfliktherd. Durch die Jahrhunderte haben die Christen versucht, die Balance zwischen diesen scheinbar widersprüchlichen Befehlen zu halten – das Pendel schlug mal zur einen und mal zur anderen Seite aus, entweder waren wir so isoliert wie Eremiten, oder wir haben uns total der Welt gleichgestellt.

Keines dieser Extreme entspricht dem Plan Gottes. Totale Gleichstellung mit der Welt verdunkelt Gottes Herrlichkeit. Abkapselung macht das christliche Zeugnis unwirksam. Der Welt entgeht etwas Entscheidendes, wenn wir uns von ihr isolieren. Wenn wir in einem Ghetto leben, erfahren sie nie, wie eine Einheit von Glaube und Leben aussieht.

„Man zündet auch nicht ein Licht an und setzt es unter einen Scheffel" (Matth. 5,13).

Diese Versuchung, sich abzukapseln, ist verständlich. Die Welt birgt Gefahren in sich! „Seid nüchtern und wachet, denn euer Widersacher, der Teufel, geht umher wie ein brüllender Löwe und sucht, welchen er verschlinge" (1. Petr. 5,8).

Wir stimmen in vielen Punkten mit den Nichtchristen nicht überein.

„Was hat das Licht für Gemeinschaft mit der Finsternis? Was für ein Teil hat der Gläubige mit dem Ungläubigen? Wir aber sind der Tempel des lebendigen Gottes. Darum gehet aus von ihnen und sondert euch ab“ (2. Kor. 6,14–17).
Bei einigen Dingen kann der Christ einfach nicht mehr mitmachen – sie passen nicht mehr zu ihm. „Denn es ist genug, daß ihr die vergangene Zeit des Lebens zugebracht habt nach heidnischem Willen (...) Das befremdet sie, daß ihr nicht mehr mit ihnen laufet in dasselbe wüste, unordentliche Wesen“ (1. Petr. 3,3–4).
Wenn man das alles in Betracht zieht, scheint es das einzig Vernünftige zu sein, sich auf einen „Sicherheitsabstand“ zurückzuziehen. Vor einigen Jahren nahm ich an einer Tagung teil, auf der der Referent erklärte: „Wenn der Christ klare Stellung bezieht, zwingt er seine nichtchristlichen Freunde und Bekannten zwangsläufig, sich zu entscheiden. Entweder hat das Christsein Anziehungskraft für sie, oder es wirkt abstoßend, und das bedeutet: sie ziehen sich zurück. Die Folge davon ist, daß der reife Christ eines Tages ohne wirkliche nichtchristliche Freunde dasteht.“ Ein anderer Redner sagte: „In dem Maße, wie wir im Glauben wachsen, hat unser Leben immer weniger Auswirkung auf die Welt.“ Verstehen wir eine solche Haltung unter „Sicherheitsabstand“– denken wir, es sei eine christliche Tugend, keine nichtchristlichen Freunde mehr zu haben? Wenn ja, ist es tragisch, denn diese Abkapselung hat eine zerstörende Wirkung auf die Ortsgemeinde und macht außerdem unsere Verständigung mit den Fernstehenden unmöglich. Christen, die in ihrem geschlossenen Zirkel leben und nicht einen ständigen Zuwachs von Menschen erleben, die von der Dunkelheit zum Licht finden, fahren sich in ihren eigenen Traditionen fest. Weil sie nicht mehr in Frage gestellt werden durch Menschen, die „frisch“ aus der Welt kommen. Sie vergessen, wie es „draußen“ aussieht. Sie entwikkeln eine eigene Sprache, eigene Verhaltensmuster; und Verständigungsmechanismen tauchen auf, die nur noch von den „Eingeweihten“ verstanden werden. Auf diese Weise wächst die Gemeinde nur noch nach innen. Dadurch entfremdet sie sich der Welt immer mehr, und sie erscheint Außenstehenden immer seltsamer, bis schließlich die Verständigung mit dem Mann auf der Straße unmöglich geworden ist.
Was ist nun also ein „Sicherheitsabstand“ – worin könnte ein guter, sinnvoller Abstand zur Welt bestehen? Jesus beantwortet diese

Frage mit einer erstaunlichen Aussage in Johannes 17,17: Er bittet seinen Vater (nachdem er seine Jünger in die Welt gesandt hat) „sie in der Wahrheit zu heiligen" (= für einen heiligen Auftrag abzusondern). „Dein Wort ist die Wahrheit." In Wirklichkeit ist die Heiligung nicht daran gebunden, *wo* wir uns auf der Welt befinden, sondern sie hat etwas mit der Herzenshaltung zu tun (*wem* gehört unser Herz?). Wir haben den richtigen „Sicherheitsabstand" von der Welt, wenn wir uns ständig verändern lassen, und zwar durch eine Erneuerung unseres Geistes durch die Wahrheit von Gottes Wort. Das erfordert Zeit, die wir mit Gott allein verbringen, wo wir unser Denken aktiv dem Wort unterwerfen. Wenn diese Praxis nicht ein Teil unseres Lebens ist, oder wenn sie nicht wirklich Frucht bringt, dann sind wir sehr schlecht auf Begegnungen mit Nichtchristen in der Welt vorbereitet. In diesem Fall wäre tatsächlich die Abkapselung noch die beste Lösung!

15. Angst voreinander

– Ein Hindernis für ehrliche Beziehungen

Der Christ fürchtet sich vor dem Einfluß der Nichtchristen. Auf der einen Seite hat er guten Grund dazu: „Schlechter Umgang verdirbt den Charakter“ (1. Kor. 15,33 – Gute Nachricht). Auf der anderen Seite sind diese Befürchtungen ohne Grund. Diese Art Furcht ist gegenseitig: Der Nichtchrist hat genauso viel Angst vor dem Christen wie dieser vor dem Nichtchristen. „Denn wir sind Gott ein guter Geruch Christi unter denen, die gerettet werden und unter denen, die verlorengehen; diesen ein Geruch des Todes zum Tode, jenen aber ein Geruch des Lebens zum Leben“ (2. Kor. 1,15–16). Die Gegenwart eines Christen erinnert den Nichtchristen an Gottes unmittelbar bevorstehendes Gericht. Einige der Befürchtungen von seiten der Nichtchristen sind begründet, andere nicht. Aber ob nun berechtigte oder unberechtigte Furcht, sie behindert jede Art von Weitergabe des Evangeliums. Denken Sie einmal darüber nach: Wenn Sie völlig frei von jeglicher Furcht wären, was für ein Zeuge wären Sie? Selbst der unerschrockene Apostel Paulus hatte mit Furcht zu kämpfen. Er schrieb an die Christen in Korinth, daß er zu ihnen in „Schwachheit und in Furcht und mit großem Zittern“ (1. Kor. 2,3) kam. Er bat die Epheser, für ihn zu beten: „Betet auch für mich, daß Gott mir das rechte Wort gibt und ich das Geheimnis der guten Nachricht ohne Furcht verkünden kann“ (Eph. 6,19 – Gute Nachricht). Die Furcht des Paulus rührte aus seinen Erfahrungen her, er hatte im Gefängnis gesessen, war ausgepeitscht und gesteinigt worden. Unsere Furcht ist abstrakter, aber nicht grundlos.
Die Furcht des Nichtchristen kommt zum Teil daher, daß wir ihn an Tatsachen erinnern, an die er lieber nicht denken möchte: Sünde, Tod und das Gericht. Andere Ängste ergeben sich daraus, daß wir ihm das Gefühl geben, daß wir mit seinem Verhalten nicht einverstanden sind. Dazu haben wir kein Recht, denn wir sind nicht sein Richter.

Die Ängste des Nichtchristen abbauen

Christen neigen dazu, Nichtchristen anhand einer eigens dafür aufgestellten Liste akzeptablen oder unakzeptablen Verhaltens zu bewerten. Diese Liste von Vorschriften enthält viele ganz klare Gebote aus dem Wort Gottes wie z. B. „Du sollst nicht ehebrechen", bis hin zu traditionsgebundenen Vorschriften wie „totale Enthaltung von Alkohol". Der Nichtchrist weiß genau, was der Christ über ihn denkt, und fühlt sich verurteilt. Manchmal entschuldigt er sich sogar für seine schlechten Gewohnheiten. Er zeigt damit, daß er das Gefühl hat, in die Hände von jemand gefallen zu sein, der ihn unbedingt umkrempeln will. Solche Verurteilungen machen jede Verständigung hoffnungslos. Wie können wir dieses Hindernis überwinden? Wie können wir eine Beziehung zu jemand aufbauen, dessen Sünden ihn und seine Umgebung zerstören? Sollen wir einfach die Augen verschließen, wenn wir es mit jemandem zu tun haben, der seine Familie mit seinem untreuen Verhalten kaputt macht? Können wir vor ihm unsere negative Beurteilung verbergen? Was können wir tun? Schauen wir auf Jesus! Es gelang ihm, selbst die Schlimmsten unter uns anzunehmen. Wie? Er schaffte das, weil er ein Realist war. Er kannte den Menschen und seinen Hang zum Bösen – er erwartete nicht das Gute von ihm. Er wußte auch, daß die schlimmsten Taten des Menschen nur Symptome einer tieferen und häßlicheren Sünde sind: der Rebellion gegen Gott. Die Rebellion ist es und nicht die Unkenntnis, die den Menschen von Gott trennt. Und diese Rebellion ist der Ursprung aller Probleme der Menschen. Jesus hielt sich nicht lange mit der Behandlung der Symptome auf: er wollte die Menschen heil machen. Wir dürfen nicht bei den äußeren Symptomen stehenbleiben, sondern müssen auf die tiefere Not sehen. Erst dieser Blick in die Tiefe befähigt uns zu ehrlichen Beziehungen mit Nichtchristen. Um sie als Person akzeptieren und lieben zu können, müssen wir ihr Handeln nicht gutheißen. Einer meiner Freunde kam aus der alternativen Szene. Er arbeitete fast nie und nahm Drogen. Er lebte mit einer Frau zusammen. Wir begannen, die Bibel miteinander zu studieren; aber da ich nur sehr wenig Zeit hatte, lud ich ihn zu einer Bibelgruppe ein. Die Leute in der Gruppe wollten auch Christus kennenlernen, waren aber „bürgerlicher" und intellektueller als mein Freund. Unsere Gespräche gingen über seinen Kopf hinweg. Endlich, eines Abends, explodierte er: „Ihr wißt ja gar nicht, wo ich

herkomme! Was ihr hier macht, sagt mir nichts!" Ich mußte ihm recht geben: auch ich verstand ihn nicht. Er versuchte, mich zu provozieren und lud mich ein, seine Welt kennenzulernen. Wir trafen uns kurze Zeit später bei seinen Freunden. Es gab viel für mich zu lernen! Wir waren die ersten, doch langsam aber sicher füllte sich der Raum. Jeder einzelne war eine Lektion für mich. Schließlich kam der „Anführer" der Gruppe herein. Er sah total ungepflegt und schlampig aus, hatte lange Haare und einen Bart und vorne fehlten seine Zähne. Er setzte sich hin und verkündete: „Ich habe meinen Job an den Nagel gehängt." Aus der Reaktion der anderen entnahm ich, daß er das für ihre Gesellschaft Höchste getan hatte: den Job an den Nagel zu hängen. Das bedeutete, seine Freiheit zurückgewinnen, unangenehme Verpflichtungen zu umgehen, andere für sich arbeiten zu lassen. Ich entdeckte langsam, wie dieser Mann der uneingeschränkte Führer dieser Gruppe werden konnte. Er hatte sowohl ein abgeschlossenes Studium als auch eine militärische Laufbahn hinter sich. Eines Tages verließ er aus einer Laune heraus seine Frau und seinen Posten im Pentagon. Er handelte mit Drogen, um sich ein Leben ohne Verpflichtungen leisten zu können. Sein ganzer Besitz bestand nur aus einem schwarzen Lieferwagen, einem Paar Skier und zwei großen Hunden. Er hatte einen Lebensstil, der es ihm erlaubte, sich keine tiefschürfenden Gedanken mehr zu machen und gerade das zu tun, was ihm im Moment Spaß machte.
Nachdem ich meinen Freund in seiner Welt erlebt hatte, nahm ich ihn aus der Bibelgruppe mit den anderen heraus. Wir studierten die Bibel bei ihm zu Hause. Da seine Freunde das wußten, kamen sie ab und zu vorbei. Manchmal nahmen sie seine Bibel und lasen selber darin. Seine Freundin bekam auch Interesse, setzte sich zu uns, und ihr entging kein Wort! Aber was sollte ich mit seiner Sünde machen? Nachdem er Christ geworden war, fingen wir an, die Symptome für Sünde herauszuarbeiten. Das erste Problem, mit dem wir uns beschäftigten, war seine mangelnde Verbindlichkeit gegenüber seiner Freundin. Glücklicherweise sind Gottes Gebote vernünftig; sie sind nicht unsinnig oder willkürlich. Stellen wir uns einen Menschen vor, der alle Weisheit der Welt besitzt. Wenn wir ihn fragen würden, welche Richtlinien zum Überleben einer Gesellschaft und welche Wertmaßstäbe zu ihrem Gedeihen er vorschlagen würde, bin ich überzeugt, daß er auf die 10 Gebote käme.
Was die Bibel über Ehebruch und Ehe sagt, entspricht dem gesunden

Menschenverstand. Eines Tages, als mein Freund und ich wieder einmal zusammen waren, beschrieb ich ihm, wie ich die Beziehung zwischen ihm und seiner Freundin sah: Sie liebten einander sehr, sie wollten den anderen nicht verlieren, und doch wußten sie, daß sich keiner von beiden fest binden wollte. Konsequenterweise gaben sie vor, in einer Harmonie zu leben, die sie nicht wirklich fühlten. Dann versuchte ich, mir die Zukunft ihrer Beziehung auszumalen. Wahrscheinlich würde sie damit enden, daß sie sich nur noch etwas vorspielen, daß sie weiter so tun, als ob sie sich lieben. Deswegen würde ihre Beziehung in der ersten wirklichen Krise auseinanderbrechen. Wenn es zum Bruch käme, würden beide ihrer Wege gehen und beide sehr verletzt sein. Ich fuhr dann fort und erklärte, wie Gott Mann und Frau in eine untrennbare Einheit zusammenfügen will (Matth. 19,6). Deshalb muß die Grundlage jeder zwischenmenschlichen Beziehung, wenn sie von Dauer sein soll, Verbindlichkeit sein. Mein Freund sagte nichts, aber zwei Wochen später wurden wir zu seiner Hochzeit eingeladen. Heute leben sie beide mit Christus.
Wir müssen den Nichtchristen so annehmen, wie er ist, und ihm helfen, Heilung zu finden. Dann erst können wir ihn lehren, wie er mit Dingen, die ihn zerstören, umgehen kann. Wenn wir diese Reihenfolge umdrehen, versuchen wir, ihn zu verändern, anstatt Gottes Heilung anzubieten.

Umgang mit unseren eigenen Ängsten

Wir müssen handeln, wenn wir aus der Sackgasse der Abkapselung herauskommen wollen. Jesus gab uns einfache Vorschläge, wie wir sie meiden können und statt dessen unser Licht da leuchten zu lassen, wo es am nötigsten ist: in der Dunkelheit der Welt.
In Matthäus 5,43–48 sagt Jesus, daß wir wie unser Vater sein sollen, der „seine Sonne aufgehen läßt über den Bösen und über den Guten". Jesus sagt uns: liebt nicht nur die, die euch wieder lieben. Selbst Zöllner tun das! Grüßt nicht nur eure Brüder, das tut jeder. Seid von euch aus zu allen Menschen freundlich und seid aufmerksam auf das, was um euch her vorgeht.
Das ist doch nicht schwer, oder?
In Lukas 14,12–13 schlägt Jesus vor, daß wir nicht nur Freunde und Verwandte zum Essen einladen sollen. Ihr wißt ja, wie das unter Freunden geht: dieses Mal sind wir dran und das nächste Mal ihr.

Am Ende sind wir quitt. Es hat niemanden etwas gekostet. Aber Jesus sagt uns: ladet die Armen, die Krüppel, die Lahmen und die Blinden ein, die es euch nicht vergelten können – bis zum Tag der Auferstehung, an dem sie eure Treue rühmen werden.
Mit anderen Worten, seid gastfrei.
Brecht freiwillig mit eurer täglichen Routine; bleibt um des Evangeliums willen nicht immer am selben Ort, immer mit denselben Leuten zusammen. Ich kenne keinen besseren Rahmen für ein evangelistisches Gespräch als ein Abendessen zu Hause oder in einem ruhigen Restaurant.
Wir müssen in die Welt gehen, um die nötigen Kontakte zu knüpfen und Leute in unser Leben mit einzubeziehen.

16. Wer paßt sich wem an?

– Eine offene Atmosphäre für den anderen schaffen

Wenn wir über unsere eigenen Kreise hinaus Menschen erreichen wollen, dann sollte es unser Hauptanliegen sein, die Verständigungsbarrieren zwischen Christen und Säkularisierten zu überwinden. Da das eine so grundlegende Notwendigkeit ist, habe ich mich in den vorhergehenden sechs Kapiteln mit diesem Problem befaßt.
Ein Abschnitt von Paulus im 9. Kapitel des Korintherbriefes faßt das in einem einzigen Grundsatz zusammen:
„Denn wiewohl ich frei bin von jedermann, habe ich doch mich selbst jedermann zum Knechte gemacht, auf daß ich ihrer viele gewinne. Den Juden bin ich geworden wie ein Jude, auf daß ich die Juden gewinne. Denen, die unter dem Gesetz sind, bin ich geworden wie einer unter dem Gesetz, wiewohl ich selbst nicht unter dem Gesetz bin, auf daß ich die, so unter dem Gesetz sind, gewinne. Denen, die ohne Gesetz sind, bin ich wie einer ohne Gesetz geworden (...), auf daß ich die, so ohne Gesetz sind, gewinne. Den Schwachen bin ich geworden ein Schwacher, auf daß ich die Schwachen gewinne. Ich bin allen alles geworden, damit ich auf alle Weise etliche rette. Alles aber tue ich um des Evangeliums willen, auf daß ich seiner teilhaftig werde" (1. Kor. 9,19–23).
Paulus sagt damit, daß ein Zeuge sich an diejenigen anpassen muß, die das Evangelium noch nicht kennen. *Es ist Sache des Zeugen, sich auf die einzustellen, denen er das Evangelium weitersagt, und nicht umgekehrt.* Paulus verteidigt seine Freiheit, allen Menschen alles zu sein, denn er wußte, daß das die ausgewogene Haltung war zwischen dem „in der Welt sein" und dem „von ihr abgesondert sein". Um in der Welt zu sein, muß man die Freiheit haben, an dem Leben der Menschen, mit denen wir es zu tun haben, teilzunehmen. Abgesondert sein heißt, daß wir in der Welt sind, ohne uns Gottes souveräner Herrschaft über unser Herz zu entziehen – mit anderen Worten, ohne zu sündigen.
Wie könnte dieses „allen alles sein" praktisch aussehen? Was bedeutet es für Paulus, wie ein Jude unter den Juden zu leben und dann, als er bei den Heiden war, sein Leben total umzukrempeln und wie ei-

ner ohne Gesetz zu leben? Das hieß für ihn, daß er die moralischen Bedenken und Traditionen derer, mit denen er gerade zusammen war, respektierte und flexibel genug war, um seine eigene Kultur hintenan zu stellen.

Für viele war dieser Gedanke ein Skandal, aber Paulus war bereit, den Preis für seine Überzeugung zu bezahlen. Und so wurde er bis zu seinem Tode von Christen wie Nichtchristen kritisiert. Man braucht Reife und Mut, um „zu den Heiden zu gehen"!

Ich diskutierte einmal mit einem Südamerikaner darüber, warum unser Missionsteam in Lateinamerika so große Schwierigkeiten hat, die Arbeit im Land zu verwurzeln. Er sagte mir: „Ihre Heiligung ist nordamerikanisch. Ich habe den Eindruck, daß sie Angst haben, sich der Kultur anzupassen, weil sie dann befürchten, sich mit der Welt zu beschmutzen. Sie haben Angst, Heiden zu werden."

Es ist schwer, sich zu ändern, besonders wenn es um verschiedene Verhaltensmuster geht. Trotzdem erfordert das In-die-Welt-Gehen Veränderung. Es bedeutet, am Leben anderer teilzunehmen. Das heißt, daß wir so denken und fühlen wie die, die wir gewinnen wollen – daß wir sie verstehen und ihre Wertmaßstäbe ernst nehmen.

Die Menschwerdung Jesu liefert uns das Vorbild für einen solchen Kontakt mit der Welt. Jesus verließ die Herrlichkeit Gottes. „Er entäußerte sich selbst und nahm Knechtsgestalt an, ward gleich wie ein anderer Mensch (...), er erniedrigt sich selbst" (Phil. 2,7–8). Deswegen haben wir „einen Hohenpriester (...), der versucht ist allenthalben gleichwie wir, doch ohne Sünde" (Hebr. 4,15). Er kam in die Welt, lebte unser Leben und durchlitt alles, was wir leiden. Er machte nur bei der Sünde nicht mit. Inwieweit könnten wir uns mit Gott identifizieren, wenn Jesus nie Mensch geworden wäre?

Der Apostel Paulus lebte nach dem gleichen Grundsatz: er ging zu den Nichtchristen, um sie zu Gott zu führen. Aber er wußte, daß ihr Weg zu Gott nur über sein Leben ging. Er erinnert die Thessalonicher daran, daß sie „Zeugen sind, wie heilig und gerecht und unsträflich wir bei euch, die ihr gläubig waret, gewesen sind" (1. Thess. 2,10).

Ob wir wollen oder nicht, unser Lebensstil gibt einen Einblick, wie das Leben eines Nichtchristen nach seiner Bekehrung aussehen wird. Je nachdem, was er im Leben des Christen sieht, wird er sich für oder gegen das Christsein entscheiden. Die Entdeckung dieser Wahrheit überraschte mich selbst.

Mit einem brasilianischen Freund, Mario, studierte ich 4 Jahre zusammen die Bibel, ehe er Christ wurde. Mario, ein Intellektueller, hatte fast alle führenden westlichen Denker von Rousseau bis Kafka gelesen und sich daraus eine eigene Weltanschauung „zurechtgezimmert", die im Grunde marxistisch war und als Schutzpatron Bertrand Russell hatte. Er war als führende Persönlichkeit in marxistischen Kreisen politisch aktiv. Wir können uns beide bis heute nicht erklären, wieso er es 4 Jahre durchhielt, mit mir die Bibel zu studieren und warum ich so lange Geduld mit ihm hatte. Da die Philosophie einen so großen Platz in seinem Leben einnahm, kamen wir bei unserem Bibelstudium immer wieder darauf zu sprechen. Eines Tages (einige Jahre nach Marios Bekehrung) erinnerten wir uns an diese erste Zeit. Er fragte mich: „Weißt du, was mich eigentlich bewogen hat, mich für Christus zu entscheiden?" Natürlich dachte ich sofort an die vielen Stunden Bibelarbeit, aber ich antwortete: „Nein, was denn?"

Seine Antwort kam total überraschend: „Erinnerst du dich daran, als ich das erste Mal bei dir zu Hause war? Wir waren vorher irgendwo gewesen, und ich aß mit deiner Familie zusammen zu Abend. Während ich dich, deine Frau und deine Kinder beobachtete und sah, wie ihr miteinander umgingt, fragte ich mich: Wann werde ich solch eine Beziehung mit meiner Verlobten haben? Als ich diese Frage mit ‚niemals' beantworten mußte, stand für mich fest, daß ich Christ werden mußte, um überhaupt zu überleben."

Ich erinnerte mich noch gut an diesen Tag: Meiner Meinung nach hatten sich die Kinder an diesem Abend nicht besonders gut benommen. Mir fiel sogar ein, daß ich mich besonders niedergeschlagen gefühlt hatte, weil ich sie in Marios Gegenwart zurechtgewiesen hatte. Aber Mario sah, daß das Christsein eine Familie zusammenschweißt, der letzte Vers im Alten Testament nimmt darauf Bezug: „Der soll das Herz der Väter bekehren zu den Söhnen und das Herz der Söhne zu ihren Vätern" (Mal. 3,24).

Meine Familie hatte gar nichts von ihrem Einfluß auf Mario bemerkt. Gott hatte diese Arbeit durch uns getan, ohne daß wir etwas davon merkten. Die meisten Christen sind sich nicht bewußt, welche Veränderungen Gott im Verlauf der Heiligung an ihnen bewirkt.

Wir tendieren mehr dahin, die Schwächen und Unvollkommenheiten in unserem Leben zu sehen. Wir schrecken schon vor dem Gedanken zurück, einen Außenstehenden nah an uns herankommen zu lassen, damit er uns sieht, wie wir wirklich sind. Selbst wenn diese Ängste berechtigt sind, habe ich doch beobachtet, daß jeder Christ, der aufrichtig seinen Weg mit Gott zu gehen versucht, trotz aller seiner Fehler doch immer etwas von Christus widerspiegelt. Es scheint so, daß wir, je mehr wir mit unserem Verhalten zufrieden sind, desto schlechter bei den Leuten ankommen.

Zusammenfassung

Es ist also nicht genug, wenn wir nur gelegentlich einmal in der Welt eines anderen Menschen auftauchen, ihn anpredigen und dann wieder unserer Wege gehen. Wir müssen ihm irgendwie unser Leben öffnen. Wenn wir ihm keinen Einblick in unser Leben geben, sieht er nur einen Teil der Wirklichkeit des christlichen Lebens. Er könnte dann nicht sehen, wie sich Gottes Gnade in unserem alltäglichen Leben auswirkt. Aber es wird kein wirklicher Austausch stattfinden, wenn wir es als Christen nicht lernen, „allen alles“ zu sein.

17. Das Prinzip des Leibes Christi

– Ergänzung durch verschiedene Gaben

Wir haben gesehen, daß sich Gott von Anfang an der Welt in erster Linie durch ein Volk geoffenbart hat. Das erste Volk war Israel, die Nation, die sich innerhalb weniger Generationen von der Sklaverei zu unbeschreiblicher Attraktivität entwickelte. Dann rief Gott die Kirche ins Leben, indem er eine völlig kopflose Gruppe von 120 Jüngern, die sich in einem Saal in Jerusalem verbarrikadiert hatten, in ein einzigartiges Volk umwandelte. Seine bloße Existenz gab der Welt zu denken.

Gott hat immer ein Volk dazu benutzt, um seine Stimme in der Welt hörbar zu machen, und er wird es auch weiter auf die gleiche Weise tun. Diese Tatsache ist von entscheidender Bedeutung für Theorie und Praxis unseres christlichen Zeugnisses.

Was kann das konkret bedeuten? Zweierlei:

1. Das Zeugnis der Gemeinde
2. Das Prinzip des Leibes Christi.

Das Zeugnis der Gemeinde

In seinem Buch „Die Kirche am Ende des 20. Jahrhunderts" schreibt Francis Schaeffer: „Die Kirche sollte sich in einer sterbenden Kultur vor allem durch Liebe auszeichnen. Nach welchen Kriterien wird uns also die sterbende Kultur beurteilen? Jesus sagte: ‚Daran wird die Welt erkennen, daß ihr meine Jünger seid, so ihr Liebe untereinander habt' (Joh. 13,35). Mitten in einer sterbenden Kultur gibt Jesus ihr ein Recht: Aufgrund seiner Autorität gibt Jesus der Welt das Recht zu beurteilen, ob du und ich wiedergeborene Christen sind, und zwar je nachdem ob unsere Liebe zu allen Christen erkennbar ist oder nicht."*

Jesus betete für uns: „Auf daß sie alle eins seien, gleichwie du, Vater, in mir und ich in dir; daß auch sie eins seien, damit die Welt glaube,

* Zitat: Francis Schaeffer, „The Church at the End of the Twentieth Century (Downors Grove, Illinois, Inter-Varsity Press, 1970), S. 136–137.

du habest mich gesandt" (Joh. 17,21). Als Kommentar zu diesem Vers schreibt Schaeffer: „Hier sagt Jesus (...), daß wir von der Welt nicht erwarten können, daß sie glaubt, daß der Vater den Sohn gesandt hat – daß sie glaubt, daß Jesu Behauptungen stimmen und daß das Christentum auf Wahrheit beruht, wenn die Welt nicht etwas von der Einheit der wahren Christen in der Praxis sehen kann".*
Dem Christen, der im Alleingang versucht, Verlorene zu gewinnen, entgeht etwas Entscheidendes. Selbst wenn in seinem Leben ganz deutlich die Frucht des Geistes erkennbar wird, werden die, die er zu gewinnen versucht, nicht die ganze Kraft seines Zeugnisses erleben, weil er eben allein ist. Es ist sehr einfach, eine einzelne Person abzutun und sie mit der Bemerkung entschuldigend beiseite zu schieben: „Er hat eine ungewöhnliche Vergangenheit" oder „er ist ein komischer Kauz". Aber wenn der Nichtchrist einer Gruppe von Christen begegnet, dann wird der gemeinsame Nenner – der Heilige Geist – bald für jedermann sichtbar sein. Das Zeugnis einer Gemeinschaft ist unwiderlegbar. Manchmal kommt man gar nicht umhin, allein oder in einem kleinen Team zu arbeiten – z. B. ein Pionierevangelist, der in Orte und zu Menschen geht, wo es noch keine christliche Gemeinde gibt. Paulus sagte: „Dabei aber habe ich sonderlich meine Ehre darein gesetzt, das Evangelium zu predigen, wo Christi Name nicht bekannt war, auf daß ich nicht auf einen fremden Grund baute" (Röm. 15,20).
Es gehört immer noch zur wesentlichsten Aufgabe der Kirche, in evangelistisch noch unerreichte Gebiete vorzustoßen; denn die Welt ist voller Völker und Subkulturen, die keine christliche Basis haben. Im Augenblick, wo ich dieses Buch schreibe, lebe ich in einer solchen Subkultur.
Es ist schwierig, ganz bei Null anzufangen. Die ersten Kontakte sind in der Regel sehr schwer zu knüpfen. Langsam aber sicher findet man dann aber Menschen hier und da in der Stadt. Aber diese kennen sich noch nicht untereinander und haben keinen Sinn für Gemeinschaft. Sie werden sich aber nach einiger Zeit wünschen, daß ihre Freunde und Verwandten auch Christus kennenlernen. Oft empfinden sie diesen Wunsch schon, wenn sie gerade erst Christen geworden sind. Wenn das so ist, dann glaube ich, daß Gott dem jungen Christen diesen Wunsch ins Herz gibt, damit er sich seiner Abhän-

* Schaeffer, ebenda, S. 138–139.

gigkeit von anderen Christen bewußt wird. Wenn ein junger Christ anfängt, die Gute Nachricht anderen mitzuteilen, wird er merken, daß er es lernen muß, wirksamer zu evangelisieren. Junge Christen werden durch diesen stark empfundenen Drang zu evangelisieren zu anderen Christen hingetrieben und haben das Bedürfnis, Beziehungen zu reiferen Christen aufzubauen.

Das war eine der Entdeckungen, die mich meine langjährige Erfahrung lehrte – ich habe erst später ihren biblischen Ursprung erkannt. Vor einigen Jahren war ich mit einem Mitarbeiter in einer kleinen Gruppe von Neubekehrten, die gerne lernen wollten, wie man Freunden das Evangelium weitersagt. Aber sie hatten selber dazu nicht das geistliche Rüstzeug. Bevor wir sie kennenlernten, hatten die meisten von ihnen nie eine Bibel zur Hand genommen. Wie konnten wir ihnen helfen, ihre Freunde in fruchtbarer Weise zu beeinflussen?

In einer solchen Situation nimmt der Erfahrenere meist die Sache selbst in die Hand und spricht selber mit den Freunden des Neubekehrten. Aber auf diese Weise geht im allgemeinen eine wichtige Gelegenheit zum Lernen verloren – der junge Christ zieht dann rasch falsche Schlüsse, daß das Evangelisieren nur etwas für vollzeitliche Mitarbeiter ist. Wenn der Missionar selber den Besuchsdienst übernimmt, wird sich der junge Christ hinter die Kulissen zurückziehen und wird sich für den Rest seines Lebens damit begnügen, ein Zuschauer zu sein. Wir sollten das auf jeden Fall vermeiden. Aber wie sollen wir eine Gruppe junger Christen anleiten, die so wenig vom wirksamen Evangelisieren wissen!

Als Antwort darauf bekamen wir die Idee, eine (wie wir es nannten) „offene Bibelstudiengruppe“ anzufangen. Es handelt sich dabei um eine Reihe von sechs wöchentlichen oder 14tägigen Bibelabenden, die auf Nichtchristen ausgerichtet sind. Diese Bibelabende finden in einem neutralen und persönlichen Rahmen statt, meist bei jemand zu Hause. Es herrscht eine entspannte Atmosphäre – dezente Musik und Kaffee. Es wird eine kurze, provokative Ansprache über einen Teilaspekt der christlichen Botschaft gehalten, wie z. B.: Wer ist Jesus Christus? oder Was ist der Mensch? Dann folgt eine Diskussion, an der sich jeder beteiligen darf und wo *jede* Frage erlaubt ist. Damit das Gespräch lebendig bleibt, geben wir acht, daß die Gruppe zur Hälfte aus Nichtchristen und zur Hälfte aus Christen besteht. Damit ein junger Christ bei diesen Hauskreisen etwas lernt, nimmt ein erfahrener Christ ihn unter seine Fittiche und hilft ihm bei der Leitung des Gesprächs. Den anderen reiferen Christen, die auch mitmachen, raten wir, möglichst diese tödlichen Patentantworten zu vermeiden, die den Christen so leicht über die Lippen gehen.

Das offene Bibelgespräch war ein voller Erfolg – so überwältigend, daß Osvaldo eines Tages zu mir kam und sagte: „Ich habe mich entschlossen, keinen meiner Freunde mehr zu diesen Hauskreisen mitzubringen. Jeder, der dorthin kommt, bekehrt sich am Ende. Ich habe das Gefühl, daß diese Hauskreise für mich zur ‚Krücke' werden. Ich lerne nicht mehr, wie ich selber jemandem das Evangelium weitersagen kann."

Ich wußte nicht, wie ich Osvaldo antworten sollte. Ich beobachtete aber daraufhin intensiver, was an den Abenden vor sich ging. Was war das Geheimrezept für ihren Erfolg? Es konnte nicht am Inhalt liegen, denn oft waren die Kurzansprachen ziemlich schwach. Und es lag auch nicht an den Gesprächen anschließend. Mein Mitarbeiter und ich hatten beschlossen, uns die meiste Zeit zurückzuhalten und die Leitung der Abende den jungen Christen zu überlassen. Oft mußten wir mit ansehen, wie die Nichtchristen unsere Zöglinge „auseinandernahmen". Aber trotzdem hörte ich, wie die Gäste öfters zueinander sagten: „Ich habe noch nie solche Leute gesehen. Sie sind ganz anders als die, mit denen wir bis jetzt zusammen waren."

Nach mehreren Abenden dämmerte mir das „Erfolgsrezept". Die Nichtchristen reagierten nicht in erster Linie auf das, was sie *gehört* hatten, sondern vielmehr auf das, was sie *gesehen* hatten. Sie hatten nie zuvor Christen in einer Gruppe erlebt.

Dann fiel mir einiges auf. Woher hatte Osvaldo die Idee, daß er in der Lage sein mußte, im Alleingang seinen Freunden das Evangelium weiterzusagen? Er hatte diese Idee offensichtlich von mir. Und woher hatte ich sie?

Es war nie Gottes Absicht, daß ein einzelner evangelisieren soll. Die Bibel sieht vor, daß das Zeugnis des einzelnen in den Rahmen des Zeugnisses einer Gruppe eingebettet sein soll. Das Zeugnis einer Gruppe von Christen sagt den Menschen: „Schaut auf uns alle. Genauso könnt ihr eines Tages werden. Es gibt Hoffnung." Man kann immer gute Gründe finden, das Zeugnis eines einzelnen abzuwerten, aber es ist unmöglich, das Zeugnis einer ganzen Gruppe zu widerlegen. Der Apostel Johannes unterstreicht diese Tatsache mit den Worten: „Niemand hat Gott jemals gesehen. Wenn wir uns untereinander lieben, so bleibt Gott in uns, und seine Liebe ist völlig in uns" (1. Joh. 4,12).

Das Prinzip des Leibes Christi

Evangelisieren kann man auf zwei verschiedene Arten: entweder bei einer Großveranstaltung oder indem man persönlich einem einzelnen das Evangelium weitersagt. Beides ist gut, aber unzureichend, denn es passiert dabei nur ein Bruchteil dessen, was eigentlich geschehen sollte. Bei beiden Evangelisationsmethoden können die meisten Christen nicht mitmachen. Verkündigung im großen Stil kann leicht dazu führen, daß der einzelne Christ seine Verantwortung, ein wirksamer Zeuge zu werden, nicht mehr wahrnimmt. Und in der persönlichen Evangelisation von Person zu Person ist der Christ in der Regel sich selbst überlassen. Viele Christen fühlen sich nicht dazu in der Lage, ihren Glauben persönlich zu bezeugen.

Wenn wir versuchen, die Verlorenen zu erreichen, sieht das oft folgendermaßen aus: Wir lehren das nötige geistliche Handwerkzeug; wir starten eine kurzfristige, evangelistische Aktion, ermahnen zum Zeugnisgeben und hinterlassen Christen mit großen Schuldgefühlen.

Gibt es denn keinen anderen Weg, damit auch der normale Christ beim Evangelisieren mitmachen kann, und zwar in einer realistischeren Art und Weise und auf lange Sicht?

Die eine vorherrschende Wahrheit im Neuen Testament in bezug auf die christliche Gemeinde ist die Tatsache, daß sie als Leib beschrieben wird – als ein lebendiger Organismus, dessen Glieder in ständiger Abhängigkeit voneinander leben müssen (vgl. 1. Korinther 12; Epheser 4 und Römer 12). Wenn es einen Bereich gibt, wo dieses Prinzip des Leibes angewendet werden muß, dann ist das beim Evangelisieren der Fall.

Es ist viel darüber geschrieben und geredet worden, wie man seine geistlichen Gaben entdeckt und ausübt. Die Frage „Welche Gabe habe ich?" ist nicht leicht zu beantworten.

Auf welcher Grundlage basiert meine Antwort auf diese Frage? Es wäre wohl besser zu fragen: „Was kann ich *tun*?" Jeder kann diese Frage beantworten. Wenn wir das tun, was wir können, werden wir auch die Frage nach unseren Gaben beantworten können. Wenn wir

anfangen zu handeln, werden wir auch unsere Gaben entdecken!
Wie oft hat Ihnen schon jemand gesagt: „Evangelisieren ist nicht meine Gabe"? Von der Methode her gesehen, besitzt niemand die Gabe des Evangelisierens. Es gibt jedoch einige Menschen, die bestimmte Gaben haben, die es ihnen leichter machen, wirksam zu evangelisieren. 1. Korinther 12,4–6 beschreibt verschiedene Gaben und Dienste.

Wenn wir das Evangelisieren als Dienst einer Gruppe oder Gemeinschaft ansehen, werden wir bald feststellen, daß jede geistliche Gabe, die den Leib auferbaut, auch bei der Evangelisation der Verlorenen genutzt werden kann. Aus diesem Grund können wir nicht trennen zwischen Evangelisieren und Auferbauen. Das eine existiert nicht ohne das andere. Wir sprechen von Evangelisation als Dienst des Leibes Christi, wenn sich einige Christen zusammenschließen und ihre Fähigkeiten und Möglichkeiten in einen Topf werfen, um die Botschaft in die Welt hineinzutragen. Hier kann jede vorhandene Gabe gut eingesetzt werden. Alles, was ganz natürlich zu Ihnen gehört, Ihre Gastfreundschaft, Organisationstalent, Geselligkeit, Gebet, Kochen, Bibelkenntnis, Lehrfähigkeit – alles, was Sie tun können, kann beim Evangelisieren gebraucht werden. Ihre Gabe – Ihre Fähigkeiten, Stärken und Interessen – können den Leib Christi auferbauen und auch Brücken der Verständigung zu Nichtchristen aufbauen. Fangen Sie mit dem an, was Sie haben. Wenn Sie voranschreiten, werden Sie Fähigkeiten entwickeln, die Sie vorher nicht besaßen.

Vor ein paar Jahren haben fünf Ingenieure zur gleichen Zeit ihr Examen an der Universität Curitiba in Brasilien abgelegt. Alles junge Christen, die unterschiedlich weit in ihrer geistlichen Reife waren. Gemeinsam entschlossen sie sich, nach São Paulo zu gehen, um dort für das Reich Gottes zu leben und zu arbeiten.

São Paulo ist eine Stadt mit 14 Millionen Einwohnern. Es gibt kaum Christen dort. São Paulo gehört zu den Städten der Welt, die am meisten Evangelisation brauchen. Zu dem Zeitpunkt, als sie sich dort eine gemeinsame Wohnung suchten, hatte keiner der fünf Arbeit gefunden. Sie legten ihr Geld zusammen. Es ging ihnen bald aus. Schließlich, als sie buchstäblich hungerten, bekam einer von ihnen eine Stelle. Er war der jüngste Christ unter ihnen. Sechs Wochen vergingen. Die fünf mußten von einem Gehalt leben. Elf Monate später bekam der letzte der fünf, Evilasio, eine Stelle. Er war der reifste

Christ von ihnen, auf dessen Glauben das gewagte Unternehmen ruhte.
Keiner dieser Männer hatte viel Ahnung vom Evangelisieren. Keiner war ein erfahrener Leiter oder biblischer Lehrer, aber sie hatten gelernt, daß das Wenige – wenn sie es in einen Topf warfen – genug war. Sie säten unter ihren Bekannten und Arbeitskollegen den guten Samen des Evangeliums, und eine neue Gruppe von Gläubigen entstand.
Epheser 4,11–12 zeigt ganz klar, daß die Aufgabe der Leiter (Apostel, Propheten, Evangelisten, Pastoren und Lehrer) darin besteht, Gottes Volk zum Dienst zuzurüsten. Es ist wichtig zu verstehen, daß jeder Christ die Verantwortung hat zu dienen. Es darf keine bloßen Zuschauer geben, denn jede Gabe, wenn sie mit den anderen Gaben gemeinsam genutzt wird, ist wichtig. Dann passieren auf einmal Dinge, die sonst unmöglich wären. Evangelisieren sollen nicht nur diejenigen, die sich auf die Verkündigung des Evangeliums spezialisiert haben. Gemeinsam können wir Dinge vollbringen, auf die wir niemals hoffen könnten, wenn wir allein arbeiten würden.
Die einfachste und am besten zu praktizierende Anwendung dieser Überlegungen ist der Hauskreis mit den Nachbarn. Was braucht man dazu? Man sollte ein aufmerksamer und mitdenkender Nachbar sein. Wir müssen unsere Häuser öffnen, Leute einladen, ihre Interessen und Nöte kennen. Wir müssen bereit sein, ein Bibelgespräch zu leiten. Jemand muß sich für die Gruppe verantwortlich fühlen, um sie zusammen und in Gang zu halten. Wenn die Gruppe zu unübersichtlich wird, muß jemand da sein, der erkennt, daß es Zeit für eine Teilung und den Beginn eines neuen Hauskreises ist. Mehr ist nicht nötig. Stellen Sie sich einmal vor, was passieren würde, wenn wir alle uns in einer solchen Hauskreisarbeit engagieren würden!
Was ich gerade beschrieben habe, kommt der Form nahe, die die Kirche während der ersten drei Jahrhunderte ihrer Geschichte zur Verfügung hatte. Die verfolgten Christen konnten nicht in der Öffentlichkeit tätig sein. Es gab keine Kirchengebäude. Sie waren auf Häuser von einzelnen und ähnliches angewiesen (vgl. Römer 15 und 16). Ich frage mich, ob die Kirche nicht etwas Entscheidendes von ihrem Wesen verloren hat, als wir sie aus den Wohnzimmern und Geschäften vertrieben und anfingen, sie in eigens dafür gebauten Häusern unterzubringen. Es war nun vorbei mit der ständigen

Nachfrage nach verantwortlichen, neuen Mitarbeitern, die solch ein Netzwerk von Glaubenszellen hervorbrachte. Nachdem man feste kirchliche Ämter eingerichtet hatte, wurde der „Durchschnittschrist“ vom Druck der Verantwortung enthoben. Aber wir brauchen solchen Druck. Gottes Plan für die Kirche ist es, daß sie einer Guerillabewegung vergleichbar ist und nicht einer unerschütterlichen Festung.

Schlußfolgerung

Jeder von uns ist vor Gott dafür verantwortlich, wie er seine Fähigkeiten und Gaben nutzt, um Verlorene zu erreichen. Aber das bedeutet nicht, daß Evangelisation Sache des einzelnen ist. Sie ist auch Sache der christlichen Gruppe oder Gemeinde. Die wenigsten von uns können diese Aufgabe erfüllen, wenn sie sich nicht mit anderen zusammentun, um ihre Möglichkeiten und Mittel mit Gleichgesinnten zu teilen. Auf diese Weise können wir das gemeinsame Ziel verwirklichen: als eine Gemeinschaft von Gläubigen Zeugnis für Christus abzulegen, indem wir aktiv am Leben einiger nichtchristlicher Freunde teilnehmen.

18. Drei Bereiche, die zusammenwirken

– Leben, Gemeinschaft und gesprochenes Zeugnis

Wir können erwarten, daß Gott uns in seinem Versöhnungsplan auf drei Arten gebraucht:
- durch das Zeugnis unseres Lebens
- durch das Zeugnis der Gemeinschaft
- durch unser gesprochenes Zeugnis

Das Zeugnis des Lebens

Wir haben schon gesehen, daß, wenn wir durch unser Leben Zeugnis ablegen, wir mit unserem Lebensstil das Evangelium verkörpern. In unseren Beziehungen zu anderen sollte das Wesen Christi – voller Gnade und Wahrheit – zum Ausdruck kommen. Das bedeutet, daß wir anderen Lasten von ihrer Seele nehmen.
Seit 20 Jahren läßt mich eine eher zufällige Bemerkung eines gottesfürchtigen, von mir sehr verehrten Professors nicht mehr los. Er war gerade von einer 2jährigen Lehrtätigkeit im Nahen Osten zurückgekehrt, und seine Gedanken waren noch voll von den Erfahrungen, die er dort in Begegnungen mit Moslems gesammelt hatte. Er beschrieb, wie die Leute sich an jedes kleinste Anzeichen von persönlichem Interesse und Freundlichkeit klammern. Er sagte: „Weißt du, 90% des Evangelisierens ist Liebe.“ Ich wußte das noch nicht! Zu jener Zeit, als junger Christ, der sich nach Erfolgen sehnte, sah ich das Evangelisieren als eine Aktivität an, an die ich mich mit Leib und Seele hingab. Die Menschen, um die es dabei ging, waren eher Missionsobjekte, die gerettet werden mußten, als wirkliche Personen. Ich wollte Ergebnisse erzielen und keine Zeit damit verlieren, irgend jemand zu lieben.
Aber dieser befreundete Pastor hatte recht: es kommt entscheidend auf die Liebe an. Der Apostel Paulus sagt uns: „Denn die Liebe Christi dringet uns, da wir dafür halten, daß, wenn einer für alle gestorben ist...“ (2. Kor. 5,14) Beachten Sie, woher diese Liebe kam, die Paulus zum Handeln bewegte. Es war die Liebe Christi. Und Christi Liebe spiegelt die Liebe des Vaters wider. Gott hatte ange-

fangen zu lieben: „Lasset uns lieben, denn er hat uns zuerst geliebt" (1. Joh. 4,19). Das ist gelebtes Zeugnis.
Ich muß zugeben, daß ich beim Evangelisieren erst bleibende Frucht sah, als ich anfing, die Bedeutsamkeit dieser Tatsache zu verstehen und sie in die Tat umsetzte.

Das Zeugnis der Gemeinde

Wir haben bereits darüber gesprochen, welche Auswirkung das gemeinsame Zeugnis einer Gruppe von Christen bei der Evangelisation hat. Die einfache Tatsache, daß es eine Gruppe mit ihrer einzigartigen Liebe zueinander gibt, ist schon in sich eine mächtige Verkündigung an die Welt. Sie bezeugt die Echtheit unserer Botschaft: daß wir tatsächlich veränderte Menschen sind, daß Jesus wirklich vom Vater in die Welt gesandt wurde und daß es für jeden Menschen Hoffnung gibt.
Wenn wir wollen, daß unser Zeugnis gehört und beachtet wird, müssen wir als Glieder des Leibes Christi *in der Welt* und *zum Segen der Welt* leben. Das ist das Zeugnis der Gemeinde.

Das gesprochene Zeugnis

Wenn sich unser christliches Zeugnis nur auf die beiden ersten Arten beschränkt, ist es allerdings unvollständig.

> *„Wie sollen sie aber an den glauben, von dem sie nichts gehört haben? Wie sollen sie aber hören ohne Prediger? (...) Wie lieblich sind die Füße derer, die gute Botschaft verkündigen" (Röm. 10,14–15).*

Was Menschen sehen, muß mit Worten erklärt werden, sonst gibt es keine Verständigung. „Wie kann ich verstehen, wenn mich niemand anleitet?" fragte der Kämmerer aus dem Morgenland den Philippus. Wir müssen von unserem Glauben auch sprechen.

Auf drei Ebenen gleichzeitig

Man könnte jetzt leicht den Eindruck bekommen, daß ich meine, diese Dinge sollten der Reihe nach getan werden – daß es notwendig sei, eine gewisse Zeit dafür einzusetzen, um eine persönliche Freundschaft aufzubauen, dann später diese Person mit unseren

christlichen Freunden zusammenzubringen und dann schließlich mit ihm über den Glauben zu sprechen. Wenn dieser Eindruck bei Ihnen haften bliebe, würde er Sie auf die falsche Fährte führen – nämlich in die Unwirksamkeit. Weil wir erwarten können, daß Gott uns auf alle drei Arten *gleichzeitig* gebrauchen wird, sollten wir alle drei Einflußbereiche – unser Leben, die Gruppe, zu der wir gehören und unser gesprochenes Zeugnis – so lange einsetzen, bis der Angesprochene Christus begegnet und anfängt, als Jünger Jesu zu leben.
Jede dieser drei Bereiche ist für sich genommen unvollständig. Die Schwächen eines stummen Zeugen liegen auf der Hand. Jedoch hat ein nur gesprochenes Zeugnis auch ernstliche Mängel. Es ist unpersönlich, selbst wenn wir mit einzelnen persönlich sprechen. In 1. Thessalonicher 2,8 schreibt Paulus: „So hatten wir Herzenslust an euch und waren willig, euch mitzuteilen nicht allein das Evangelium Gottes, sondern auch unser Leben, darum daß wir euch liebgewonnen hatten."
Die drei Einflußbereiche wirken zusammen. Es hängt von der jeweiligen Situation ab, womit wir anfangen. Ich weiß aus Erfahrung, daß ich schon ganz am Anfang einer Beziehung von meinem Glauben sprechen muß. Je länger ich warte, desto schwieriger wird es. Es entwickeln sich in einer Freundschaft Verhaltensmuster und Gewohnheiten, die man später nur noch schwer durchbrechen kann. Wir müssen am Anfang nicht besonders viel sagen. Es genügt oft, „einfach Farbe zu bekennen".
Wenn das gesprochene Zeugnis zuerst kommt, müssen die anderen beiden Bereiche so schnell wie möglich folgen.
Einer meiner Freunde war ein säkularisierter Existentialist, der am Rande der Gesellschaft lebte. Wir waren gerade in eine andere Stadt gezogen, und ich machte seine Bekanntschaft auf einer Party, kurze Zeit nach unserer Ankunft. Wir kamen ins Gespräch. Ich erklärte ihm, daß ich neu in der Stadt war und kaum jemanden kannte. Ich erzählte ihm von meiner Gewohnheit, mit Freunden zusammen die Bibel zu studieren; daß ich noch keine Interessenten gefunden hätte und das vermißte. Ich sagte, er würde mir einen Gefallen tun, wenn er mitmachen würde, Er antwortete, daß er nicht an Gott glaube und nichts von der Bibel wüßte, aber wenn er mir damit helfen könne, würde er gerne einmal kommen. Er lag mir als Persönlichkeit, und ich zeigte ihm das auch. Wir vereinbarten ein Treffen.
Als wir mit dem Bibelstudium anfingen, waren wir uns noch fremd.

Doch schon bald entwickelten wir eine enge, ungezwungene Freundschaft, spielten Tennis miteinander, liefen Ski und aßen zusammen. In der Zwischenzeit hatte ich einige Freunde und Bekannte zu diesen Treffen dazu eingeladen.
Mein neuer Freund hatte Schwierigkeiten mit dem Inhalt und den Ansprüchen des Evangeliums. Er hatte viele ehrliche Probleme vom Verstand her, aber auch die üblichen Kämpfe mit dem Willen. Wenn diese inneren Kämpfe beginnen, ist die Liebe in einer Beziehung zu einem Nichtchristen von entscheidender Bedeutung. Die natürliche Reaktion des Nichtchristen zu diesem Zeitpunkt ist die Flucht vor der Botschaft – irgendwo hingehen, nur nicht mehr in die Nähe der Bibel. Aber Liebe füreinander und Freundschaften in einem kleinen Kreis sorgen dafür, daß der Nichtchrist sein Interesse am Glauben nicht verliert. Der Heilige Geist benützt diese Einflüsse, um den Nichtchristen anhaltend mit der Schrift zu konfrontieren.
Das war auch bei meinem Freund der Fall. Diese drei Einflußbereiche – das Zeugnis des Lebens, die Gemeinschaft und das gesprochene Zeugnis – haben zusammen bewirkt, daß er schließlich Christ wurde. In seinem Fall erfolgte der erste Kontakt durch ein gesprochenes Zeugnis.

Unser Zeugnis aussprechen

In 1. Petrus 3,15 heißt es: „Heiligt aber den Herrn in euren Herzen. Seid allezeit bereit zur Verantwortung vor jedermann, der von euch Grund fordert der Hoffnung, die in euch ist." Und in Kolosser 4,5–6 lesen wir: „Wandelt weise gegen die, die draußen sind, und kaufet die Zeit aus. Eure Rede sei allezeit lieblich und mit Salz gewürzt, *daß ihr wisset, wie ihr einem jeglichen antworten sollt.*"
Wenn unser Leben Jesus Christus widerspiegelt, dann wird das nicht unbeachtet bleiben. Unsere Freunde und Bekannten werden uns Fragen stellen, um zu verstehen, was sie in unserem Leben sehen. Aber meist sind diese Fragen indirekt und versteckt. Selten fragt uns jemand offen heraus: „Warum bist du so, wie du bist?"
Statt dessen versteckt sich diese Frage vielleicht in einer Anklage gegen seine Ehefrau, oder jemand macht sich Sorgen über seine schwer erziehbaren Kinder. Oder seine Fragen drücken Enttäuschung, Zynismus oder Gefühle der Sinnlosigkeit aus. Wenn sie sich über unseren Glauben lustig machen, dann ist das eigentlich nur der unge-

schickte Versuch, aus uns herauszubekommen, woran wir eigentlich glauben!
Deswegen müssen wir nicht nur lernen, wie wir antworten, sondern erst einmal, wie wir richtig zuhören können, um diese versteckten Fragen zu entdecken. Anfangs überhören wir diese verkappten Fragen oder es „dämmert" uns eine Stunde oder einen Tag später, wenn es zu spät ist. Dann könnten wir uns selbst ohrfeigen, weil wir so wenig sensibel waren. Dawson Trotman, der Gründer der Navigatoren, sagte, daß es unmöglich ist, auf jede uns gestellte Frage immer die richtige Antwort parat zu haben. Er sagte, daß das ganz verständlich ist. Aber wir sollten nicht ein zweites Mal auf die gleiche Frage keine Antwort wissen. Mit anderen Worten, wenn wir eine Gelegenheit verpassen oder sehr ungeschickt waren, sollten wir darüber nachdenken, was passiert ist, und uns genau einprägen, was wir hätten sagen sollen und was in einer solchen Situation angebracht gewesen wäre. Wenn wir nicht wissen, wie wir richtig antworten sollen, sollten wir uns um die richtige Antwort bemühen.
Wenn Sie auf diese Weise die Gebote in 1. Petrus 3,15 und Kolosser 4,5–6 verwirklichen, werden Sie über den Erfolg erstaunt sein.

Sagen Sie nicht zuviel

Wir fallen leicht in Extreme. Entweder wir sagen gar nichts und lassen die Gelegenheit vorbeigehen oder wir sagen zuviel und schrekken damit ab.
Es ist nicht immer richtig und passend, sich die Zeit zu nehmen, die ganze Botschaft zu erklären. Besser, man sagt gerade genug, um den Weg zu einer besseren Gelegenheit (z. B. bei einem späteren Besuch) vorzubereiten.
Und was sollen junge Christen tun oder diejenigen, die sich nicht so gut ausdrücken können? Wie sollen sie die Botschaft vermitteln? Es braucht nicht viel dazu. Alles, was die Samariterin sagen konnte, war: „Kommt, sehet einen Menschen, der mir gesagt hat alles, was ich getan habe, ob er nicht der Christus sei!" (Joh. 4,29).
Andreas ging zu seinem Bruder Simon Petrus und sagte: „Wir haben den Messias gefunden" (Joh. 1,41) und bringt Petrus zu Jesus. Philippus ging zu seinem Freund Nathanael und sprach: „Wir haben den gefunden, von welchem Mose im Gesetz und die Propheten geschrieben haben. Jesus, Josephs Sohn von Nazareth." Nathanael

verkompliziert die Sache, indem er fragt: „Was kann von Nazareth Gutes kommen?“ Aber Philippus antwortete ganz schlicht: „Komm und sieh es“ (Joh. 1,46).

Wir haben Jesus gefunden, kommt und seht. Gewinnende, einfache Worte, so daß jeder sie nachsprechen kann. Mehr als das zu sagen, verkompliziert nur unnötig.

19. Die biblische Grundlage für den Glauben

– Bewußter Gehorsam gegenüber Gott durch sein Wort

Unser christliches Zeugnis hat zum Ziel, daß wir Menschen zum Glauben an Jesus Christus führen. Mark Twain definierte Glauben als „an etwas glauben, von dem man weiß, daß es eigentlich gar nicht wahr ist." Aber echter Glaube ist das genaue Gegenteil – er *muß* auf Wahrheit gegründet sein.

Eine der hilfreichsten biblischen Definitionen von Glauben finden wir in Römer 4,21: „Und wußte aufs allergewisseste: Was Gott verheißt, das kann er auch tun." Glauben ist die Gewißheit und das feste Vertrauen, daß Gott das tun wird, was er verheißen hat. Zum Glauben kommen, bedeutet also: *wissen,* was Gott gesagt und getan hat und dann sein Leben auf diese Wirklichkeit aufbauen.

Der Glaube ist nicht ein Sprung ins Ungewisse. Er ist vielmehr eine bewußte, mit dem Willen vollzogene Unterwerfung unter Gottes Willen mit unserem ganzen Leben. Beim Evangelisieren versorgen wir den Nichtchristen mit dem, was er braucht, um glauben zu können. Zu diesem Zweck müssen wir aber biblische Grundlagen legen. Was gibt uns Sicherheit zu wissen, daß das tatsächlich geschieht? Es ist nicht immer leicht, das zu erkennen.

In einem unveröffentlichten Artikel „Die Lehre der Sünde beim Gemeindebau in anderen Kulturen" beschreibt der Autor die Bemühungen eines Missionarsteams, die unter Bergstämmen in Neuguinea arbeiteten. Als sie diese primitiven Völker näher kennenlernten, waren sie von zwei Dingen sehr betroffen: von der Polygamie und dem Betelnußkauen. Ihre Besorgnis ging so weit, daß sie den Neubekehrten diese Praktiken kategorisch untersagten. Für die Dorfbewohner waren jedoch andere Dinge wichtiger. Ihr Ideal eines langen und guten Lebens war die Vermeidung jeglichen Unfriedens. Der Autor berichtet von folgendem Fall: Als Reaktion auf die Bemühungen der Missionare hatten sich einige Dorfbewohner bekehrt. Sie wurden getauft, gaben mehrere Jahre lang den Zehnten, gingen regelmäßig zur Kirche und befolgten die wichtigsten Regeln christlichen Verhaltens. Eines Tages kamen die Dorfältesten zu den Missionaren und sagten: „Wir haben wohl jetzt genug getan, um abzuzahlen, was Jesus für uns getan hat." Dann gingen sie zurück in ihr Heidentum.

Was war geschehen? Sie hatten überhaupt nicht wirklich angefangen zu glauben. Es war etwas entstanden, das wie christlicher Glaube aussah, aber von heidnischen Voraussetzungen ausging. Deswegen waren die Dorfbewohner ein Stück des Weges mit den Missionaren gegangen, bis sie es leid waren, und dann gingen sie wieder ihre eigenen Wege.

In einem solchen Fall, wo die Gegensätze zwischen Christen- und Heidentum so kraß sind, bedarf es keiner besonderen Scharfsicht, um festzustellen, wo der Fehler lag. Aber die gleiche Gefahr droht überall da, wo wir das Evangelium weitersagen wollen, und oft ist sie schwer zu erkennen.

Im Juni 1964 machte ich in einer Kunstgalerie in Curitiba die Bekanntschaft von Henrique. Ich knüpfte ein Gespräch mit ihm an. Henrique ist einer der brillantesten Männer, die ich je gekannt habe. Er liest enorm viel und hat ein unwahrscheinlich gutes Gedächtnis. Er kann über jedes Thema reden, angefangen bei byzantinischer Kunst bis zur Genetik, als wenn er gerade erst ein Buch darüber gelesen hätte. Neben Portugiesisch spricht er fließend Englisch und Spanisch, ebenso Deutsch und Französisch. Als wir uns trafen, war er 21 Jahre alt, frisch verheiratet und hatte gerade eine Sprachschule aufgemacht.

Ich lud ihn zu einem Tee in ein Restaurant ein. Seine erste Frage war: „Was machen Sie, ein Amerikaner, hier in Curitiba?" Als ich es ihm erzählt hatte, antwortete er: „Gut, dann bekehren Sie zuerst einmal mich, dann haben Sie eine ganze Schule als Missionsfeld." Er meinte es ernst. Er wollte, daß ich an seiner Schule das Evangelium erkläre. Er hatte sich entschieden, Christ zu werden, noch bevor er gehört hatte, was ich zu sagen hatte. Ich ließ ihn bis zum nächsten Tag warten. Und dann studierten wir die Bibel miteinander. Henrique entschied sich sofort für Jesus Christus. Einige Wochen später folgte seine Frau seinem Beispiel. Wir haben uns einige Jahre lang jeden Tag getroffen. Eine tiefe Freundschaft entwickelte sich. Wir wurden wie Brüder.

Schon in der ersten Woche entdeckte ich bei Henrique eine gefährliche Charakterschwäche. Ich bemerkte sie das erste Mal, als wir zusammen aßen. Er konnte sich beim Essen nicht beherrschen. Darauf aufmerksam gemacht, fing ich an, nach mehr Anzeichen für mangelnde Selbstkontrolle Ausschau zu halten. Das zeigte sich z. B. darin, wie er mit seinem Geld umging, in der Art, wie er seinen Beruf ausübte, und in seiner starken Abhängigkeit vom Rauchen. Ich bekam es mit der Angst zu tun. „Die Frucht des Geistes ... ist Selbstbeherrschung" (Gal. 5,22–23). Aber er hatte keine Selbstbeherrschung.

Die Bibel war noch etwas Neues für Henrique, deswegen machte es ihm Spaß, sich eingehend mit ihr zu beschäftigen. Er wurde auch bald ein mutiger Zeuge, aber nur, weil alles noch so neu war. Ich wußte, daß, wenn der Reiz des Neuen vorbei ist, er eine tiefere Motivation brauchte, um im Glauben beständig zu wachsen. Wir würden Schwierigkeiten bekommen. Und so war es auch.

Bald las er nicht mehr selbständig in der Bibel. Wir trafen uns, um gemeinsam darin zu lesen und diesen Mangel an Selbstdisziplin auszugleichen. Wir trafen uns jeden Tag zwei Jahre lang zum gemeinsamen Bibelstudium. Dadurch hatte Henriques Leben immer noch einen christlichen Anstrich. Aber ich sah nie, daß der Heilige Geist an den Wurzeln seiner Probleme arbeitete. Ich wurde mit Gott ungeduldig und fragte ihn, warum ich seine Arbeit jetzt auch noch machen sollte. Diese Einstellung half auch nicht weiter.

Ich konnte diese täglichen „Transfusionen" nicht auf die Dauer aufrechterhalten. Nach einigen Jahren entschloß ich mich daher, ihn jetzt zu „entwöhnen". Henrique mußte jetzt endlich anfangen, seine geistliche Nahrung von Gott selber zu beziehen.

Als wir nach einem 3monatigen Heimaturlaub nach Curitiba zurückkamen, erfuhren wir, daß Henriques Sprachschule Pleite gegangen war, daß er von seiner Frau geschieden war und die Stadt verlassen hatte.

Das letzte Mal war ich mit Henrique 1971 in einem Restaurant in Porto Alegre zusammen. Seine neue berufliche Karriere und seine zweite Ehe waren auch gescheitert. Im Verlauf unseres Gesprächs sagte er: „Du weißt gar nicht, wie nah du dran warst, in Curitiba aus mir einen Christen zu machen!"

Henrique hatte versucht, ein christliches Leben zu führen, ohne Christ zu sein, und ich hatte ihn noch darin bestätigt. Welche Zeitverschwendung! Henrique hatte eine Entscheidung getroffen, aber ich hatte ihm nicht dabei geholfen, die richtige Grundlage für seinen Glauben zu legen. Wir hatten uns also zwei Jahre lang einer Illusion hingegeben. Wir müssen dafür sorgen, daß der Glaube sich auf die

einzige sichere Grundlage, den Felsen des lebendigen Wortes Gottes gründet (vgl. Epheser 2,20). Der Glaube darf nur auf diesem Fundament ruhen; sonst wird er mit anderen Glaubensvorstellungen oder mit heidnischen oder humanistischen Philosophien vermischt. Wir müssen uns schon nach Gottes Bedingungen richten, wenn wir zu ihm kommen wollen. Wie einfach ist es doch, die Fragen und Probleme eines anderen mit ein paar oberflächlichen Sätzen vom Tisch zu fegen, jemandem ein Übergabegebet zu entlocken oder ihn etwas anderes tun zu lassen, was wir als „eine Entscheidung für Christus" werten. Dann gehen wir fort und freuen uns über unseren Erfolg!
Eine der Herausforderungen an einen Missionar ist, klar zu erkennen, ob diejenigen, mit denen er spricht, wirklich ihren Glauben in Jesus Christus gesetzt haben, oder ob sie nur an den Missionar glauben. Manchmal kann es eine ganze Generation dauern, bis dieser falsche Glaube aufgedeckt wird.
Wie immer also das Evangelium weitergesagt wird, sollte der Zeuge sich um eine echte Reaktion von seiten des Angesprochenen bemühen. Oberflächliche, unechte, gut gemeinte Bekehrungen untergraben eine echte Bekehrung. Henrique hatte z. B. alles getan, was in meinen Augen für eine Bekehrung nötig war. Er und ich gingen davon aus, daß eine geistliche Wiedergeburt stattgefunden hatte. Aber das war gar nicht der Fall. Wenn so etwas passiert, ist die Folge entweder Verwirrung – wie in unserem Fall – oder Enttäuschung.
Ein Mensch nimmt vielleicht unser Angebot an und erwartet dann den versprochenen Segen, der ausbleibt – die Folge ist Enttäuschung. Als ich einem unserer Nachbarn in Amerika das Evangelium nahebringen wollte, wehrte er mit den Worten ab: „Mann, ich bin schon 3× bekehrt worden!" Er hatte es mit dem Glauben versucht, aber es hatte nicht „funktioniert". Also hatte er etwas anderes ausprobiert.
Wie können wir so etwas vermeiden?

Wie trifft man eine echte Entscheidung für Christus?

Bei der Entscheidung, Christ zu werden, oder auch bei jeder anderen wichtigen Entscheidung im Leben spielen drei Bereiche unserer Persönlichkeit ein große Rolle: das Gefühl, der Verstand und der Wille. Zum Beispiel: Ein junger Mann begegnet einer jungen Frau. Sie fühlen sich gleich zueinander hingezogen. Sie sagen sich beide: das wäre jemand, den ich gerne heiraten möchte. Wenn sie zu diesem Zeitpunkt ihrem Gefühl nachgeben würden, gäbe es bald eine Hochzeit. Aber der Verstand schaltet sich ein und stellt die gefühlsmäßige Reaktion in Frage. Würden wir wirklich zusammenpassen? Wie ist sie eigentlich wirklich? Kann ich für ihren Unterhalt sorgen? Beide kommen zu dem Schluß, daß es besser wäre, sich noch etwas mehr Zeit zu nehmen und noch einige Fragen zu klären, bevor sie eine feste Bindung eingehen. Also werden die zwei jetzt mehr Zeit miteinander verbringen. Er wird schließlich erkennen, daß ihr inneres Wesen genauso schön ist wie ihr Äußeres. Jetzt rät auch sein Verstand ihm, abgesehen von seinen Gefühlen, daß er sie heiraten soll.

Aber die letzte und schwierigste Entscheidung muß noch getroffen werden – die Entscheidung mit dem Willen. Vor dem Gang zum Traualtar werden ihn noch folgende Fragen begleiten: Bin ich bereit, meinen Lebensstil für sie zu ändern? Was ist mit meiner Freiheit – lohnt sich der Tausch? Welche zusätzliche Verantwortung kommt auf mich zu – will ich sie übernehmen? Es wird erst zu einer Hochzeit kommen, wenn schlußendlich der Wille mit den Gefühlen und dem Verstand an einem Strang zieht. Und diese drei Bereiche müssen auch übereinstimmen, wenn jemand zu Christus kommen will.

Das Gleichnis vom Sämann sagt uns ähnliche Dinge:

> *„Wenn jemand das Wort von dem Reich hört und nicht versteht, so kommt der Arge und reißt hinweg, was da gesät ist in sein Herz; das ist der, bei dem an den Weg gesät ist. Bei dem aber auf das Felsige gesät ist, das ist, der das Wort hört und es alsbald aufnimmt mit Freuden; aber er hat nicht Wurzel in sich, sondern er ist wetterwendisch; wenn sich Trübsal und Verfolgung erhebt um des Wortes willen, so nimmt er Ärgernis. Bei dem aber unter die Dornen gesät ist, das ist, der das Wort hört, und die Sorge der Welt und der Betrug des Reichtums erstickt das Wort, und er bringt nicht Frucht. Bei dem aber in das gute Land gesät ist, das ist, der das Wort hört und versteht es und dann auch Frucht bringt; und der eine trägt hundertfältig, der andere sechzigfältig, der andere dreißigfältig" (Matth. 13.19–23).*

Die unterschiedliche Reaktion auf das Wort liegt nicht am Samen, sondern an der Beschaffenheit des Bodens: 4 verschiedene Böden bewirken 4 verschiedene Reaktionen.

1. *Der Same, der an den Weg gesät wird.* Der Boden war hart. Es

gab da nicht genug lockeren Boden, damit auch nur eine gefühlsmäßige Reaktion zustande kommen konnte. Wir alle kennen solche Menschen, die gleichgültig sind und sich für geistliche Dinge überhaupt nicht interessieren. Diese Menschen sind am schwierigsten mit dem Evangelium zu erreichen. Sie haben vielleicht viel Bildung und sind lieb und nett, aber ganz unempfänglich für das Wort Gottes – es prallt an ihnen ab! Es gibt für sie nur Hoffnung, wenn Gott selber diesen harten Boden aufbricht, die Beschaffenheit des Bodens verändert und ihn bearbeitet, damit er den guten Samen aufnehmen kann. Wir sollten damit anfangen, ernsthaft für diese Menschen zu beten. Nur so kommen wir an sie heran. Gott wird unser Gebet erhören und ihre Widerstände brechen. Das habe ich schon oft erlebt und es ist immer wieder beeindrukkend.

2. *Dann gibt es den felsigen Boden.* Diese Menschen hören das Wort und nehmen es anfangs mit Freuden auf. Sie reagieren gefühlsmäßig. Ihnen fehlt die entsprechende Grundlage für den Glauben. Deswegen ist ihre Reaktion kurzlebig. Was geht in ihnen vor? Sie fangen erst nach der Entscheidung an zu denken. Sie stellen dann hinterher, was sie getan haben, wieder in Frage. Sie schämen sich wegen ihrer Gutgläubigkeit und Impulsivität. Es kann leicht dazu kommen, daß sie sich ganz zurückziehen.
   In diesem Fall fehlte – wie wir aus dem Gleichnis erkennen – das rechte Verständnis. Der Verstand kam nicht zu seinem Recht: die Entscheidung konnte einer genaueren, verstandesmäßigen Prüfung nicht standhalten. Aus irgendeinem Grund sind diese Menschen vom Verstand her noch nicht zu einer verbindlichen Beziehung mit Jesus Christus bereit.
3. *Einige Samenkörner fallen unter die Dornen.* Hier geht der Same auf, eine Schlacht scheint gewonnen, neues Leben hat begonnen. Aber andere Samenkörner liegen noch unbeobachtet auf dem gleichen Weg. Sie sind „die Sorge der Welt“ und „der Betrug des Reichtums“. Es sind Sorgen und ehrgeizige Pläne. Der Wille hält an zusätzlichen Bindungen und Neigungen fest. Dadurch wird die positive Reaktion auf das Evangelium wieder zunichte gemacht.
   Warum entschließt sich ein solcher Mensch überhaupt, Christ zu werden? Er trifft diese Entscheidung vielleicht deswegen, weil ihm die Gegenargumente ausgegangen sind. Vom Verstand her

kann er keine guten Gründe mehr dagegen finden, Christ zu werden, selbst wenn er es eigentlich gar nicht *will.*
Normalerweise ist es nicht allzu schwer, die Argumente eines Menschen gegen das Evangelium zu zerstreuen. Es ist möglich, daß unser Gesprächspartner dann einfach aufgibt und sagt: »Sie haben gewonnen!« Er beugt sich dann vor der Wahrheit, aber er unterstellt sein Leben damit noch lange nicht Jesus Christus. Sein Wille ist ungebrochen.
Haben Sie jemals darüber nachgedacht, wie einfach es für Gott wäre, jedem Menschen seine Existenz zu beweisen? Oder denken Sie an Jesus – warum ging er nicht wenigstens einmal nach seiner Auferstehung in dem Tempel nach Jerusalem, hielt da eine Rede vor den Leuten, die ihn noch vor drei Tagen getötet hatten?
Statt dessen beschränkte sich Jesus darauf, diejenigen zu besuchen, die sowieso schon an ihn glaubten. Wäre er in den Tempel gegangen, hätte die ganze Welt anerkannt, daß er der Messias ist. Warum tat er das nicht? Ich glaube, weil er nicht an dieser Art Reaktion interessiert war: die Menschen hätten gegen ihren Willen vor seiner Souveränität kapitulieren müssen. Er hätte keinen Glauben und keine Liebe hervorgerufen, nur zähneknirschendes Akzeptieren der Wahrheit seiner Botschaft.
Es wird einen Tag geben, an dem das geschehen wird, was ich gerade beschrieben habe. Aber es wird der Tag des Gerichts sein. Außerdem kann sich jemand für Christus entscheiden, weil er denkt, er könnte dann immer noch seinen eigenen Willen durchsetzen und Kompromisse eingehen. Aber das ist eine Illusion, denn wir können zu Gott nur zu seinen Bedingungen finden oder überhaupt nicht. Jesus war während seines dreieinhalbjährigen Dienstes zeitweilig beim Volk sehr beliebt. Die Massen folgten ihm überall hin. Seine Reden gefielen ihnen und sie waren von seinen Wundern fasziniert. Sie wollten ihn zum König machen. Von außen betrachtet, war Jesus sehr erfolgreich. Jesus ließ sich aber nicht von dem Jubel der Menge beeindrucken. Im Gegenteil, er stieß die Leute bewußt vor den Kopf mit einer Reihe von sehr harten Aussagen und Ansprüchen. Sie waren verletzt und beleidigt und gingen zurück nach Hause (vgl. Joh. 6,25–66).
Was war das Problem? Die Leute folgten Jesus aus falschen Beweggründen. Jesus sagte ihnen: wenn sie nicht bereit wären, ihn als die einzige Quelle des ewigen Lebens anzunehmen, dann

wollte er sie nicht als seine Jünger haben. Obwohl sie Jesus gern hatten, waren sie nicht bereit, ihn zum Mittelpunkt ihres Lebens zu machen. Schockiert durch seine hohen Anforderungen gingen sie weg. Der Eigenwille war schon immer das größte Hindernis zum persönlichen Glauben an Gott. Und deshalb ist auch das Grundproblem des Menschen seit dem Sündenfall seine willentliche Auflehnung gegen Gott. Satan sagte zu Eva: „Ihr werdet sein wie Gott" (1. Mose 3,5). Das war ein verlockendes Angebot! Sich gegen Gott auflehnen, bedeutet, daß man sein eigener Gott sein will (vgl. Jesaja 53,6).

Gott kann nur begrenzt in einem Menschen wirken, der aufbegehrt. Er schuf uns mit einem freien Willen – er kann und will unsere Freiheit nicht einschränken. Wir sehen das z. B. an der Art und Weise, wie Gott sein Volk Israel inständig bittet: „Denn warum wollt ihr sterben, ihr vom Haus Israel? Denn ich habe kein Gefallen am Tod des Sterbenden, spricht Gott der Herr. Darum bekehrt euch, so werdet ihr leben" (Hes. 18,31–32).

Oft tun wir bei unserem Evangelisieren so, als ob Unkenntnis das größte Hindernis zum Glauben wäre. Es ist ein Hindernis, jedoch nur ein zweitrangiges. Stellen Sie sich vor, wie leicht es sonst wäre, Ihre ganze Stadt mit dem Evangelium zu erreichen, wenn die Aufgabe nur darin bestünde, die zu informieren, die vom Evangelium noch nichts wissen. Aber Errettung bedeutet, daß sich jemand mit seinem ganzen Wesen Christus unterwirft. Es kann keinen anderen Weg geben.

4. *Der vierte Boden ist das gute Land.* „Er hört das Wort und versteht es." Wir wissen, daß jemand gutes Erdreich hat, wenn er Frucht bringt. Wir wissen auch, daß da, wo Frucht ist, Leben ist.

Woher bekommen wir Gewißheit darüber, daß ein neues, geistliches Leben begonnen hat? Woher wissen wir, daß ein Baby geboren wurde? Das Leben spricht für sich selbst. Wenn jemand Christ wird, empfängt er gleichzeitig den Heiligen Geist (vgl. Römer 8,9). Ist es möglich, daß der Schöpfer all dessen, was lebt, daß der, der alle Macht und Weisheit besitzt, in ein Menschenleben kommt, ohne daß man etwas davon bemerkt? Der Beweis für geistliches Leben besteht nicht einfach darin, daß man auf bestimmte Fragen die richtigen Antworten weiß. Es erweist sich vielmehr an den Früchten des Geistes: „Liebe, Freude, Frieden,

Freundlichkeit, Geuld, Güte, Treue, Demut und Selbstbeherrschung“ (Gal. 5,22–23 – Die Gute Nachricht).
Ein junger Christ bekommt die Heilsgewißheit aus der gleichen Quelle – vom Heiligen Geist:
„Und daran erkennen wir, daß er in uns bleibt, an dem Geist, den er uns gegeben hat“ (1. Joh. 3,24).

20. Die dynamischen Kräfte bei der Bekehrung

– Der Christ, der Heilige Geist und die Bibel

Wir sind zu dem Schluß gekommen, daß das Haupthindernis zum Glauben die Auflehnung und nicht die Unkenntnis ist. Wenn das stimmt, dann wird es sehr darauf ankommen, mit welchen Mitteln Gott den Menschen zu sich zieht; was er unternimmt, um diese Rebellion zu überwinden. Wie wir schon gesehen haben, greift Gott in das Geschick von Völkern ein und wirkt durch Umstände und Ereignisse, um Menschen für seine Botschaft vorzubereiten. Außerdem hat Gott noch andere Einflußmöglichkeiten zur Verfügung: den Heiligen Geist, die Bibel und den Christen. Das sind die drei grundlegenden Werkzeuge, die Gott gebraucht, um Menschen mit sich zu versöhnen.

Wir haben auch schon darüber nachgedacht, wie Gott den Christen auf drei verschiedenen Ebenen einsetzt: durch das Zeugnis seines Lebens, durch das gemeinschaftliche Zeugnis der Christen, und durch das gesprochene Zeugnis des einzelnen. In diesem Kapitel werden wir noch zwei andere Möglichkeiten zur Beeinflussung betrachten: den Heiligen Geist und die Bibel.

Der Heilige Geist

Zu Beginn unseres Dienstes in Curitiba 1964 war ich fast überwältigt von der geistlichen Not in Brasilien – mir war klar, daß ich etwas unternehmen mußte. Neben den Versuchen, Kontakte zu den Menschen dort zu bekommen, hatten wir jedoch auch noch unser Familienleben zu bewältigen. Eines Tages, als ich auf dem Gipfel meiner Frustration angekommen war, schrieb ich in mein Tagebuch: Ich bin jetzt ein „ausgewachsener“ Missionar. Ich habe ein Haus, ein Auto und eine Kamera. Das einzige, was mir fehlt, sind die Menschen!

Wir waren Ausländer, Fremde in der Stadt und kannten keine Menschenseele. Ich suchte verzweifelt nach etwas, was ich tun konnte, um eine Daseinsberechtigung zu haben.

Ich entdeckte bald, daß es nicht schwer ist, eine Beschäftigung zu finden, wenn man nicht wählerisch ist. Es taten sich Möglichkeiten zum

Kontakt auf. Aber während ich an diese offenen Türen dachte, gab Gott mir einen beunruhigenden Gedanken aus Matthäus 15,13. Dieser Vers ließ mich bei all meinen Aktivitäten nicht mehr los, und er spricht auch noch heute zu mir. Jesus sagte: „Alle Pflanzen, die mein himmlischer Vater nicht gepflanzt hat, die werden ausgerissen."
Wie einfach ist es doch, aus einem falsch verstandenen evangelistischen Pflichtbewußtsein heraus irgend etwas zu machen. Oder weil wir darum gebeten wurden und nicht nein sagen konnten, oder weil wir das Gefühl hatten, wir müßten aktiv sein. Mir wurde klar, daß, wenn Gott nicht mit mir wäre in meinen Aktivitäten, dann wären sie vergeblich. Nichts würde übrigbleiben. Ich entschied mich, die Möglichkeiten, die ich sah, nicht zu nutzen, sondern auf Gott zu hören. Er mußte den ersten Schritt tun und die Sache in Gang bringen.
Ich wurde immer verzweifelter und meine Abhängigkeit vom Heiligen Geist erreichte eine neue Stufe. Ich sah mir einige Verheißungen in Jesaja 45,13–14 an. Sechs Monate lang begann ich jeden Morgen damit, diese Verse zu lesen, darüber zu beten und sie als Verheißungen für unsere Arbeit in Brasilien in Anspruch zu nehmen. Jesus sagt: „Ohne mich könnt ihr nichts tun" (Joh. 15,5). Wenn der Heilige Geist nicht in spürbarer Form in unseren Aktivitäten dabei ist, dann sollten wir herausfinden, was falsch läuft, oder damit aufhören.
Nachdem Jesus auferstanden war, sagte er zu seinen Jüngern, sie sollten nach Jerusalem gehen, sich in einem Raum einschließen, um auf den Heiligen Geist zu warten. Das war alles, wozu sie fähig waren, bis der Heilige Geist auf den Plan trat.

Die Rolle des Heiligen Geistes bei der Bekehrung

In Johannes 16,7–11 beschreibt Jesus, welche Rolle der Heilige Geist bei der Versöhnung spielt. Er sagt, daß er den Jüngern den Heiligen Geist senden würde und daß dieser der Welt die Augen über Schuld in drei Bereichen öffnen würde: über Sünde, Gerechtigkeit und das Gericht. Es sind genau diese drei Bereiche, die in dem „Erdreich" des menschlichen Herzens verändert werden müssen, damit der gute Same, d. h. das Wort Gottes, darin Frucht bringen kann.
Jesus holt weiter aus, indem er drei Zusammenhänge zwischen Ursache und Wirkung beschreibt: „Über die Sünde, daß sie nicht glauben an mich; über die Gerechtigkeit: daß ich zum Vater gehe; (...) über das Gericht, daß der Fürst dieser Welt gerichtet ist" (Joh. 16,9–11).

Die Beziehung von Ursache und Wirkung ist in diesen Versen nicht sofort erkennbar. Was hat Überführung von Sünde durch den Heiligen Geist mit Unglauben zu tun? Es gibt hier eine sehr enge Verbindung, denn Unglaube ist die Wurzel aller Sünde. Unglaube bedeutet soviel wie Auflehnung gegen Gott. In Lukas 16 lesen wir von einem reichen Mann, der sich, nachdem er in die Hölle gekommen war, um seine Brüder sorgte. Er bat daher darum, daß Lazarus, der Bettler, der vor seiner Tür gelebt hatte und ebenfalls gestorben war, zu seinen Brüdern auf die Erde gesandt würde, um sie zu warnen. Abrahams Antwort auf diese Bitte war mehr als ungewöhnlich: „Sie haben Moses und die Propheten (das Alte Testament); laß sie dieselben hören. (...) Hören sie Mose und die Propheten nicht, so werden sie auch nicht glauben, wenn jemand von den Toten aufstünde" (Lk. 16,29.31).
Hier wird wieder deutlich, daß das Hauptproblem des Menschen nicht seine Unwissenheit, sondern seine Auflehnung gegen Gott ist. Wenn Menschen die frohe Botschaft, die sie gehört haben, nicht glauben, dann deshalb, weil sie nicht wollen. Deshalb sendet Gott den Heiligen Geist, um sie von ihrer Sünde zu überzeugen.
Was sagt Jesus weiter über Ursache und Wirkung? Er sagt, daß der Heilige Geist die Menschen von ihrer Schuld überzeugt: „Über die Gerechtigkeit, daß ich zum Vater gehe" (Joh. 16,10). Welche Beziehung sehen wir hier? Einfach dies, daß Jesus der vollkommene Maßstab für Gerechtigkeit ist. Sein Leben ist eine Definition von Gerechtigkeit. Während Jesus leibhaftig in dieser Welt war, trat die Ungerechtigkeit des Menschen offen zu Tage. Durch das, was er sagt, unterstrich er dies noch: „Ich bin das Licht der Welt." Und: „Es ist das Licht noch eine kleine Zeit bei euch. Wandelt, solange ihr das Licht habt, damit euch die Finsternis nicht überfalle" (Joh. 12,35).
Als Jesus diese Welt verließ, schickte er den Heiligen Geist als seinen Stellvertreter. Heute ist der Heilige Geist der Maßstab für das, was wahre Gerechtigkeit ist. Er zeigt dem Menschen in seinem Herzen, wie weit er von dem Ideal entfernt ist.
Und die Beziehung von Ursache und Wirkung bei der dritten Aussage: „Über das Gericht, daß der Fürst dieser Welt gerichtet ist" (Joh. 16,11)? Wir leben in einer gefallenen Welt, die von Sünde geplagt wird – die ganze Schöpfung wird gerichtet werden. Satan, der Fürst dieser Welt, ist schon tödlich getroffen. Und trotzdem lebt und handelt der Nichtchrist von heute so, als wären seine Leistungen

und sein Besitz ewig. Der Heilige Geist kann ihm u. a. seine unsichere Situation, die Sinnlosigkeit und kurze Dauer seines Lebens bewußt machen.
Der Heilige Geist überzeugt von Sünde, Gerechtigkeit und Gericht. Welch eine Erleichterung für uns, zu sehen, daß diese Verantwortung auf ihm liegt, und nicht auf uns!

Die Rolle der Bibel bei der Bekehrung

Die Bibel ist unsere Autorität. Sie allein kann den Argumenten des Nichtchristen standhalten. Unsere Aufgabe als Zeugen ist nicht, die Bibel zu verteidigen, sondern ihr eine Gelegenheit zu geben, damit sie wirken kann.
Aber wie gehen wir mit Nichtchristen um, die die Autorität der Bibel nicht anerkennen wollen? Die Position der Nichtchristen beweist entweder ihren Unglauben oder ihre bewußte Ablehnung der Autorität der Bibel. Was sagen wir ihnen?
Wir sollten uns nicht in eine Diskussion über Inspiration und Autorität der Bibel hineinziehen lassen. Nicht, weil dies kein wichtiges Thema ist, sondern weil man damit nicht beginnen sollte. Bei den Wahrheiten des Evangeliums sollte man eine gewisse Reihenfolge beachten und das Pferd nicht von hinten aufzäumen!
Einer unserer Freunde, Jorge, wurde Christ. Kurze Zeit später nahm auch seine Verlobte, Elisa, Christus an. Elisas deutscher Vater, der immer noch ein treuer Anhänger des Dritten Reiches war, war entsetzt. Er kam zu uns nach Hause, um herauszufinden, wer wir waren und was wir mit seiner Tochter machten. Er war so wütend, daß er in unserem Wohnzimmer einen Holztisch übersah und dagegen lief. In seiner Wut (zum Teil wegen seiner Tochter, zum Teil wegen des heftigen Schmerzes am Schienbein) verkündete er laut, daß er jetzt die Bibel von vorne bis hinten lesen wolle, um ihre Glaubwürdigkeit zu widerlegen. Er wolle im 1. Buch Mose anfangen und alle Irrtümer und Widersprüche genauestens notieren. Natürlich hat er das nicht durchgehalten. Jede Frage, die er stellte, blieb unbeantwortet. Er gab irgendwo in der „Wüste“ zwischen 3. und 4. Mose auf. In der Zwischenzeit wurde Elisa eine reife Christin.
Fast alle Leute, mit denen wir in den vergangenen 17 Jahren über das Evangelium sprachen, waren zuerst nicht bereit, die Autorität und Inspiration der Bibel anzuerkennen. Trotzdem mußte ich nur selten

über dieses Thema mit Nichtchristen reden. Gelegentliche Fragen dazu drehten sich einzig um den geschichtlichen Hintergrund und die Quellen der Bibel, wie sie entstand und wann sie geschrieben wurde.*

Wenn ein junger Christ anfängt, die Bibel zu lesen, erweist sie ihre Autorität, weil sie wahr ist; er beugt sich nach und nach ihren Ansprüchen. Die Bibel bringt Licht und Wahrheit in die Themen, die sie anspricht. Wenn sie Aussagen über den Menschen, das Leben, die Gesellschaft und die Welt macht, dann klingen ihre Worte wahr. Aber die Bibel geht noch einen Schritt weiter. Sie deckt die Irrtümer und die Inkonsequenz in unseren persönlichen Anschauungen auf.

> *„Denn das Wort Gottes ist lebendig und kräftig und schärfer und dringt durch, bis daß es scheidet Seele und Geist, auch Mark und Bein, und ist ein Richter der Gedanken und Sinne des Herzens“ (Hebr. 4,12).*

Was sonst könnte ein Nichtchrist angesichts dieser lebendigen, aufdeckenden und prophetischen Fähigkeiten der Bibel tun, als anzuerkennen, daß sie wirklich Autorität hat? Er wird sich entweder Christus unterwerfen oder aber zugeben, daß er einfach nicht will, daß Christus in seinem Leben herrscht.

Womit fangen wir an

Womit fangen wir an, wenn wir diese positive Reaktion beim Nichtchristen hervorrufen möchten? Die Antwort auf diese Frage hängt ganz davon ab, wo unser Zuhörer steht. Was weiß und versteht er? Was glaubt er schon? In jedem Fall läßt sich die ganze christliche Botschaft und auch das Christsein in zwei Fragen zusammenfassen. Unser Ziel ist, daß wir unserem Gesprächspartner – egal, wie er zu diesen beiden Fragen steht – anbieten wollen, mit ihm zusammen die Bibel zu studieren. Es sind die Fragen, die Paulus Jesus bei seiner Begegnung mit ihm auf dem Weg nach Damaskus stellte: „Herr, wer bist Du?“ und: „Herr, was soll ich tun?“ (Apg. 22,8.10).

Anders ausgedrückt heißen die beiden Fragen: Wer ist Jesus? Und was will er, daß ich tun soll?

* F. Bruce. „Die Glaubwürdigkeit d. Schriften d. NT“, Telos.

Die zentrale Gestalt der Bibel ist der historische Jesus von Nazareth. Jesus sagte: „Wenn ihr mich kenntet, so kenntet ihr auch meinen Vater. Von nun an kennet ihr ihn und habt ihn gesehen (...) Wer mich sieht, der sieht den Vater!" (Joh. 14,7.9).

Die Hauptaussage des christlichen Glaubens ist, daß es möglich ist, Gott zu kennen. Denn Gott hat den ersten Schritt gemacht und die Kluft zwischen sich und dem Menschen geschlossen. Wenn das nicht wahr wäre, wäre der Mensch bei der Suche nach Gott sich selbst überlassen. Er hätte nur seine eigenen, schwachen fünf Sinne zur Verfügung und er könnte so Gott nie erkennen. Auf eine Kurzformel gebracht: entweder Jesus war Gottes Sohn oder aber es ist unmöglich, Gott zu kennen. Im letzteren Fall wären wir verloren in einer Welt, in der alles relativ ist.

Die Bibel sagt, daß Gott sich in der Geschichte auf verschiedenste Weise geoffenbart hat, bis dieser Prozeß mit der Menschwerdung Jesu abgeschlossen wurde:

> *„Nachdem Gott vorzeiten manchmal und auf mancherlei Weise geredet hat (...) durch die Propheten, hat er in den letzten Tagen zu uns geredet durch den Sohn (...) Er ist der Abglanz seiner Herrlichkeit und das Ebenbild seines Wesens...« (Hebr. 1,1–3).*

„Das Ebenbild seines Wesens": Können Sie nicht an die Existenz Gottes glauben? Dann stellen Sie sich die Frage: wer war Jesus? Macht Ihnen die Gerechtigkeit Gottes Probleme? Dann schauen Sie auf Jesus – wie sah seine Gerechtigkeit aus? Angesichts des Bösen in der Welt – wie verhielt sich Jesus? Ist die Bibel das von Gott eingegebene Wort? Was sagte Jesus dazu?

Bis wir nicht die grundlegende Frage nach der Person Jesu Christi geklärt haben, können wir nichts Schlüssiges über andere, nebensächlichere Dinge sagen. Aber wenn wir zu dem Schluß kommen, daß Jesus Gott ist, werden wir entdecken, daß viele unserer, vorher schier unlösbaren Fragen, auf einmal überflüssig oder leicht erklärbar sind.

Die Bibel überzeugt den Menschen davon, daß Jesus Gott ist. Der Apostel Johannes sagte, er hätte sein Evangelium geschrieben, „auf daß ihr glaubet, Jesus sei der Christus, der Sohn Gottes, und daß ihr durch den Glauben das Leben habet in seinem Namen" (Joh. 20,31).

Jesus wies die ungläubigen Juden zurecht, weil sie das Grundanliegen der Heiligen Schrift nicht verstanden. Er sagte zu ihnen: „Ihr suchet in der Schrift, denn ihr meinet, ihr habt das ewige Leben darin." Aber Jesus fügte hinzu, daß das Ziel der Schrift ist, „von ihm zu zeugen" (Joh. 5,39).
Die erste Aufgabe, die die Bibel bei der Bekehrung erfüllt, ist also, eine Antwort auf die Frage „Wer ist Jesus?" zu geben. Wenn wir diese Frage beantwortet haben, wird uns die zweite Frage immer wichtiger.

Was will Jesus, daß ich tun soll?

Es ist ganz klar, daß sich diese zweite Frage erübrigt, wenn der Nichtchrist die Schlußfolgerung zieht, daß Jesus nicht Gottes Sohn ist. Aber, wenn er davon ausgeht, daß Jesus der ist, der er zu sein beansprucht, dann wird jedes andere Problem vom Tisch gefegt und es bleibt nur noch die eine Frage: Was will Jesus, daß ich tun soll?
Wenn die Menschwerdung Jesu wahr ist, wenn Gott wirklich Mensch wurde, muß diese Tatsache von größter Bedeutung für jeden Menschen auf der Erde sein. Logischerweise müssen wir fragen: Was erwartet Jesus von mir? Für den Nichtchristen gibt es nur eine mögliche Antwort: Glauben.
Eines Tages stellte die Menge, die Jesus nachfolgte, ihm eine ähnliche Frage: „Was sollen wir tun, daß wir Gottes Werke wirken?" Jesus antwortete: „Das ist Gottes Werk, daß ihr an den glaubet, den er gesandt hat" (Joh. 6,28.29).
Ich werde nie den Tag vergessen, an dem mir die Antwort auf die erste Frage „Wer ist Jesus?" deutlich wurde. Die erste logische Reaktion, die mir einfiel, war, daß ich auch die zweite Frage beantworten und beides in meinen Alltag umsetzen wollte. Ich kaufte mir ein Notizbuch und schrieb mir wochenlang aus den Evangelien jedes Gebot, das ich finden konnte, auf. Als mein Heft fast voll war, war ich verzweifelt. Ich erkannte, daß ich all diese Gebote niemals befolgen konnte oder mich auch nur an alle erinnern. Ich war mir der lebendigen Eigendynamik meines Stoffes nicht bewußt. Die Bibel ist ein lebendiges Buch, das in unser Leben hineinspricht, sofern wir das Gelesene anwenden. Die Bibel wird unter Einwirkung des Heiligen Geistes lebendig, je nachdem wie es der einzelne gerade braucht. In Wirklichkeit werden wir beide Fragen nie endgültig und erschöp-

fend beantworten. Ständiges Wachstum im Leben eines Christen ergibt sich aus wachsender Einsicht in die Person Jesu Christi. Wer ist er und was will er, daß ich tun soll – diese Fragen sollten bei jeder Gelegenheit in unserem Leben vorrangig sein. Sie sind auch die wichtigsten Fragen, die wir uns in der täglichen Stillen Zeit stellen.

Zusammenfassung

Um sich dem Nichtchristen mitzuteilen, bedient sich Gott des Heiligen Geistes, der Bibel und des Christen. Alle drei haben ihre besondere Funktion. Der Christ bezeugt das, was er gesehen und gehört hat (vgl. 1. Joh. 1,1–3). Er bringt Nichtchristen mit der Bibel in Berührung. Dann übernimmt der Heilige Geist die Arbeit, um Überzeugungen zu bewirken. Durch das „lebendige und kräftige Wort Gottes“ (Hebr. 4,12) kann ein Mensch erst wiedergeboren werden. Es ist wichtig, daß wir diese „Arbeitsteilung“ ganz klar sehen. Es ist nutzlos, wenn wir versuchen, die Arbeit des Heiligen Geistes oder der Bibel zu tun. Wenn ein Mensch vom Heiligen Geist überzeugt worden ist und eine geistliche Wiedergeburt durch das Wort Gottes erlebt hat, können wir ganz sicher sein, daß neues Leben entstanden ist. Es wird Frucht bringen. Wir hatten dabei nur das Vorrecht, den Menschen mit Gott in Berührung zu bringen.

21. Das Beispiel von Abrahao

– Ihr könnt meine Fragen nicht beantworten

Gott erlaubt in dem Dienst der Versöhnung eine gewisse „Arbeitsteilung". Die Christen geben – einzeln und als Gemeinschaft – Zeugnis durch ihr Leben und Reden. Sie bringen den Nichtchristen in Hörweite des Wortes Gottes. Die Bibel offenbart die Wahrheit und sie bezeugt Jesus Christus. Der Heilige Geist überzeugt, führt den Menschen zur Buße und gibt neues Leben.

Wie wirkt nun dies alles zusammen? Und noch genauer gefragt, wie können wir vorgehen, um bei unserem Evangelisieren diese Möglichkeiten am besten zur Auswirkung kommen zu lassen?

Lassen Sie mich das an einem Beispiel verdeutlichen:

Abrahao war Landwirtschaftsstudent an der Universität von Parana in Brasilien. Er studierte weniger, um eine Ausbildung zu bekommen, als um an der Universität politische Unruhe zu stiften – er war Kommunist. Im Studentenwohnheim wohnte er ausgerechnet mit einem jungen Christen, der Jark hieß, zusammen. Abrahao machte sich auf unbarmherzige Weise über Jark lustig, bis dieser so frustriert war, daß er Abrahao in einen unserer offenen Bibelkreise einlud. Abrahao hatte erreicht, was er wollte – die Möglichkeit, noch mehr Unruhe zu stiften. Er setzte sich in eine Ecke unseres Wohnzimmers, wo der Hauskreis stattfand, und gab sich betont gleichgültig gegenüber allem, was gesagt wurde. Plötzlich, als das Gespräch fast zu Ende war und jeder sich schon mehr darauf freute, einen Kaffee zu trinken, als weiter zuzuhören, meldete sich Abrahao zu Wort. Er stellte dem Gruppenleiter eine gezielte Frage. Der Leiter mußte einen Augenblick lang überlegen. Diese Gelegenheit nutzte Abrahao aus, um eine zweite Frage loszulassen. Jetzt standen schon zwei unbeantwortete Fragen im Raum, der Leiter war ganz verwirrt und Schweigen griff um sich. Abrahao ließ noch zwei oder drei Fragen vom Stapel, und am Ende wußte der Leiter gar nichts mehr zu sagen. Darauf Abrahao: „Sehen Sie, Sie wissen noch nicht einmal, wovon Sie sprechen. Sie können meine Fragen nicht beantworten."

In den folgenden Wochen ließ Abrahao kein Treffen des Hauskreises aus. Er tat sein Bestes, um soviel Verwirrung wie nur möglich zu

stiften. Ich spielte mit dem Gedanken, ihn zu bitten, doch nicht mehr zu kommen. Aber ich wollte noch ein letztes Mal versuchen, mich mit ihm zu verständigen.
Ich fragte ihn am Ende eines Abends: „Abrahao, wie stehen deiner Meinung nach die Chancen für mich?"
Er fragte mich, was ich damit sagen wollte. Ich fuhr fort: „Wieviel Chancen rechnest du, habe ich, damit richtig zu liegen, daß es Gott gibt? Er lachte: „Keine!"
Dann sagte ich: „Willst du damit sagen, daß du alles, was man heute hier weiß, und alles, was noch unbekannt ist, erforscht hast und daß du das ganze Weltall durchkämmt hast und jetzt hier stehen kannst mit der Behauptung: Beruhige dich, es gibt keinen Gott?"
„Das würde ich nicht behaupten."
„Dann mußt du also zugeben, daß es eine Chance gibt, daß ich recht habe und du unrecht?"
Er stimmte zu. Dann bedrängte ich ihn: „Wieviel Chancen gestehst du mir zu? 20%?" – „Nein!" Ich handelte mit ihm um 15%, 10%, und dann sagte ich: „5% muß du mir aber mindestens geben!"
Er fragte, worauf ich hinaus wollte. Ich antwortete: „Wenn ich recht habe und du unrecht, dann bist du tot. Und da diese Möglichkeit besteht, wäre das einzigst Vernünftige für dich, nachzuprüfen, wer von uns recht hat."
Er fragte: „Wie kann ich das tun?"
Ich antwortete: „Indem du zu den Urquellen zurückgehst. Jeder, der ernsthaft forscht, läßt die Sekundärquellen beiseite (= das, was Menschen zu einem Thema gesagt haben) und prüft statt dessen die Originaldokumente."
„Welches sind die Urquellen des Chistentums?"
„Die Bibel."
„Ich glaube nicht an die Bibel!" Ich antwortete: „Dann hast du einen Vorteil mir gegenüber. Die Bibel ist das einzige Originaldokument, das wir als Christen beisitzen. Wenn du die Bibel widerlegen kannst, hast du gewonnen."
„Was schlägst du vor?"
Ich erklärte: „Die Bibel ist ein dickes, kleingedrucktes Buch. Du kannst es nicht wie irgendein anderes Buch von vorne bis hinten lesen. Die Bibel ist wie eine Bibliothek, die 66 Bücher umfaßt. Du wirst Hilfe brauchen, um zu wissen, welches Buch du zuerst „aus dem Regal" nehmen sollst. Ich biete dir an, dir zu zeigen, wo du

nachschauen mußt, und ich will dir helfen, zu verstehen, was die Bibel sagt."

Abrahao nahm mein Angebot an und wir machten ein erstes Treffen aus. Ich führte ihn in das Johannesevangelium ein. Ich bat ihn zu Beginn, die ersten drei Verse des 1. Kapitels vorzulesen: „Am Anfang war das Wort, und das Wort war bei Gott, und Gott war das Wort. Dasselbe war im Anfang bei Gott. Alle Dinge sind durch dasselbe gemacht und ohne dasselbe ist nichts gemacht, was gemacht ist" (Joh. 1,1–3).

Ich fragte Abrahao, ob er verstehe, was dort gesagt wird. Er verstand es nicht. Ich fragte ihn: „Worauf bezieht sich ‚das Wort'?" Er wußte es nicht, also stellte ich den Bezug her zu Vers 14: „Und das Wort ward Fleisch und wohnte unter uns." Mit meiner Hilfe verstand er, daß dieser Abschnitt von Jesus Christus spricht. Als er verstand, daß die Bibel den Anspruch erhebt, daß Jesus ewig war und daß er alle Dinge erschaffen hat, war er zum Kampf bereit. Ich nahm ihm den Wind aus den Segeln: „Ich verlange nicht von dir, daß du glaubst und akzeptierst, was hier geschrieben steht. Ich möchte nur sicher gehen, daß du verstehst, was die Bibel sagt. Tust du das?"

Er antwortete: „Ja, aber..."

Ich sagte: „Gut, dann laß uns den nächsten Absatz lesen."

Während der nächsten Wochen arbeiteten wir uns so von Abschnitt zu Abschnitt vorwärts, aber Abrahao schien sich um keinen Fingerbreit zu bewegen. Jeden Anspruch in bezug auf Christus wies er als Märchen oder als übertriebenen Bericht ab. Ich blieb bei meinem Ziel, ihm Verständnishilfen zu geben in bezug auf das, was die Bibel über die Person Jesu Christi aussagt. Und so waren unsere Treffen, trotz seiner Auflehnung, zwar spannungsgeladen, aber frei von unnützen Diskussionen.

In dieser Zeit betete ich mit meinen Freunden gemeinsam darum, daß der Heilige Geist sein Überzeugungswerk an ihm vollbringen soll.

Nach einigen Monaten konnte ich schon erste Anzeichen von Veränderung an ihm bemerken. Abrahao hörte damit auf, die Bibel ständig anzugreifen. Er sah langsam die Querverbindungen zwischen den einzelnen Bibeltexten. Er veränderte sich allmählich von einer im allgemeinen negativen Person zu einer positiven. Er meldete sich freiwillig in seinen Sommerferien als Mitarbeiter bei einem Regierungsprojekt für Arme. Nach diesem Sommer trafen wir uns als alte

Freunde wieder, nicht länger als Feinde. Ohne ein Wort nahmen wir unser Studium des Johannesevangeliums wieder auf. Schließlich hielt ich es vor Neugierde nicht mehr länger aus. Er hatte sich so stark verändert. Als wir gerade Johannes 13 lasen, fragte ich ihn: „Sag mal, Abrahao, was ist passiert?"
»Tja, es ist wahr."
„Was ist wahr?"
„Das Jesus Gott ist."
„Na und?"
„Ja, ich denke, ich bin jetzt Christ, aber ich muß dir eins sagen: Ich bin politisch aktiv und vertrete eine regierungsfeindliche Position. Außerdem bin ich anti-amerikanisch eingestellt. Meine Freunde kritisieren mich, weil ich mit dir verkehre."
„Und weiter?"
„Das ist alles. Ich wollte nur, daß du das weißt."
„Denkst du, daß das etwas zwischen uns verändert?"
„Nein."
Dann sagte ich: „Ich möchte dir gerne einen Vers zeigen. Er befindet sich gerade in dem Kapitel, das wir jetzt lesen wollten." Wir schlugen Johannes 13,13 auf: „Ihr heißet mich Meister und Herr und saget recht daran, denn ich bin's auch."
Ich fragte Abrahao: „Was bedeutet es, das Jesus unser Meister ist?"
Seine Antwort war vollkommen richtig. „Es bedeutet, das das, was wir denken und glauben, von ihm kommen muß. Wir beziehen unsere Ideen und Vorstellungen von ihm."
„Akzeptierst du das für dich persönlich?"
„Ja."
„Was bedeutet es, daß Jesus Herr ist?"
Wieder war seine Antwort ausgezeichnet. „Daß er der Chef ist!"
„Akzeptierst du das?"
„Ja."
Wir haben nie mehr über Politik oder Wirtschaft diskutiert. Abrahao und ich lebten jetzt unter ein und demselben Meister und unter demselben Herrn – Jesus Christus. Beide von uns antworteten auf denselben Ruf: „Seid würdige Bürger des Reiches."
Was kann uns dieses Beispiel lehren? Unsere Aufgabe ist es, einem Menschen zu helfen, die Bibel zu *verstehen.* Die Beweislast liegt nicht auf unseren Schultern, sondern auf der Bibel. Die Verantwortung, jemanden zu überzeugen, liegt beim Heiligen Geist, nicht bei

mir. Ich bin allerdings dafür verantwortlich, diesem Menschen treu zu bleiben und ihn beständig mit dem Wort Gottes zu konfrontieren, bis er eine endgültige Entscheidung – pro oder kontra – getroffen hat.

Ich habe einen christlichen Freund, der zu den bewundernswerten Menschen mit großer Ausstrahlungskraft gehört. Jeder, der ihn traf, war begeistert. Er wußte immer zur richtigen Zeit das rechte Wort zu sagen. Überall gab er mit Leichtigkeit sein Zeugnis und hinterließ Menschen, die brennend daran interessiert waren, mehr zu hören. Als wir vor Jahren Freunde wurden, dachte ich: „Hier ist endlich einmal jemand, der einen Einfluß ausüben wird."

Das Erwartete traf jedoch nicht ein. Er ist schön wie ein Schmetterling – jedoch kann man von einem Schmetterling nicht erwarten, daß er sich 2× auf die gleiche Blume setzt. Einen säkularisierten Menschen zu Christus zu bringen, erfordert Ausdauer und Hartnäckigkeit. Es bedeutet, eine Beziehung aufzubauen und sie auch dann aufrechtzuerhalten, wenn der Nichtchrist mit inneren Widerständen zu kämpfen hat. In solchen Zeiten ist es nur unsere Beziehung zu ihm, die ihn davon abhält, den Heiligen Geist wegzustoßen und davonzurennen.

Natürlich kostet das etwas: Es kostet sowohl Zeit als auch gefühlsmäßige und geistliche Kraft. Wenn wir nicht von dem ewigen Wert eines einzelnen überzeugt sind, werden wir so etwas niemals tun.

22. Einige Tips für die Praxis

– Wie fangen wir an?

In diesem Buch habe ich besonders betont, daß es im Neuen Testament zwei Evangelisationsformen gibt: Verkündigung und gelebtes Zeugnis. Die Verkündigung ist wesentlich, denn ihre Hauptaufgabe besteht darin, einen Brückenkopf zu bilden. Einige Christen haben auf dem Gebiet der Verkündigung besondere Gaben, die bestmöglichst genutzt werden sollten. Dennoch ist die Verkündigung nur begrenzt wirksam, da sie nur relativ wenige Menschen anspricht, nämlich die, die schon zu einem früheren Zeitpunkt vorbereitet wurden, um die christliche Botschaft bereitwillig aufzunehmen. Das gelebte Zeugnis ist jedoch unerläßlich, wenn wir einen Schritt weiter über diese anfängliche Aufgabe, vorbereitete Menschen zu erreichen, hinauswollen. Wenn wir das erkennen, werden wir ganz anders an das Evangelisieren herangehen. Jeder Christ in der Gemeinde, im Leib Christi, kann sich bei dieser Form der Evangelisation beteiligen. Das Weitergeben des Evangeliums kann zu einem normalen und spontanen Bestandteil unseres Lebens werden. Diese Form des Evangelisierens ist nicht nur etwas für Leute, die gut reden können. Hier liegt die Hauptlast der Verantwortung beim Heiligen Geist; außerdem spielt jede Art von christlicher Gemeinschaft eine wesentliche Rolle. Wenn wir das verstehen und uns danach richten, werden wir weniger Angst, Schuld, Frustration oder Versagen in diesem Bereich erleben.
Wie können wir uns denn nun bei dieser Art der Evangelisation persönlich einbringen? Um diese Frage zu beantworten, möchte ich noch einmal die Hauptaussagen des Buches wiederholen und gleichzeitig Anleitungen und Vorschläge zur Praxis geben. Ich liefere kein ausführliches Handbuch, aber eine Liste von Vorschlägen zum Nachdenken und Anwenden.

1. Schritt:

Begreifen Sie die geistliche Not der Welt in Ihrer nächsten Umgebung

Wir müssen das Problem in seiner ganzen Tragweite erkennen. Es gibt Milliarden von Menschen, die überhaupt nicht von unseren üblichen, evangelistischen Einsätzen erreicht werden. Aber das Problem beginnt schon auf der Stufe des einzelnen und ist dort noch gewichtiger: Wir alle sind von Menschen umgeben, mit denen wir überhaupt keinen Kontakt haben, die geistig und gefühlsmäßig Welten von uns entfernt sind. Gibt es in Ihrer Umgebung Menschen, die Sie nicht mit dem Evangelium beeinflussen? Werden übliche Evangelisationsmethoden sie je erreichen? Ist es Ihre Verantwortung, zu ihnen zu gehen, um ihnen das Evangelium nahezubringen? Höchstwahrscheinlich werden Sie bald in Ihrer eigenen Nachbarschaft oder Ihrer Familie oder bei ganzen Bevölkerungsschichten Ihrer Stadt viele Menschen entdecken, die nicht auf Ihre herkömmliche Art zu evangelisieren reagieren werden.

2. Schritt:

Verstehen Sie die Grenzen der Verkündigung

Verkündigung ist zwar sinnvoll; sie hat aber auch ihre Grenzen. Erinnern Sie sich daran, daß Paulus in seiner Verkündigung nur zu denen sprach, die eine religiöse Tradition hatten und also schon vorbereitet waren. Wenn Sie an die Menschen in Ihrer Umgebung denken, wie viele würden mit Ihnen zusammen an einer öffentlichen Veranstaltung teilnehmen, um dort das Evangelium zu hören? Wie viele von ihnen würden verstehen und bejahen, was sie dort hören? Selbst auf die beste Darstellung des Evangeliums, z. B. von Tür zu Tür, sind nur wenige Menschen in der Lage, mit Glauben zu reagieren.
Wenn wir unsere Bemühungen um Verkündigung vergrößern, erreichen wir höchstens mehr vorbereitete Menschen. Das ist zwar auch ein wertvolles Ziel, aber wir wollen mehr.
Sie haben vielleicht eine besondere Begabung im Bereich der Verkündigung. Ihr Zeugnis bringt Frucht hervor. Gott hat Ihnen genügend Kontakte zu Menschen gegeben, die er vorher auf Ihr Zeugnis vorbereitet hat. Sie sind zufrieden mit der Richtung, die Sie eingeschlagen haben. Andere von Ihnen sind vielleicht auch zufrieden mit Ihrem Evangelisationsstil; Sie merken jedoch, daß eine Menge Leute in Ihrer näheren Umgebung nicht auf das gesprochene Zeugnis reagiert. Sie haben das Bedürfnis, einen größeren Kreis von Menschen zu erreichen.

Wieder andere fühlen sich frustriert in Sachen Evangelisation. Im Laufe Ihres Lebens als Christ sind Sie immer wieder herausgefordert worden, daß es doch Ihre Pflicht ist, Zeugnis zu geben. Sie fühlen jedoch, daß Sie diese Gabe nicht haben. In diesem Bereich Ihres Lebens haben Sie nur Niederlagen erlebt.

Eine andere Gruppe von Christen gehört vielleicht sogar zu denjenigen, die überhaupt keine Hoffnung an diesem Punkt mehr haben. Gott hat Sie in eine Umgebung gestellt, in der es so gut wie keine vorbereiteten Menschen gibt. Ihre Schulung für Evangelisation und Ihre bisherigen Erfahrungen beschränkten sich nur auf Verkündigung und das scheint hier nicht zu funktionieren. Viele Missionare befinden sich in einer solchen Situation.

3. Schritt:

Engagieren Sie sich bei der Evangelisation durch Ihr gelebtes Zeugnis

a) *Erwarten Sie beim Evangelisieren nicht so schnell Bekehrungen.* Bedenken Sie, daß es sich um einen Prozeß handelt. Der Ernte gehen Pflanzen, Bewässern und Pflegen voraus. Seien Sie bereit dazu und geben Sie sich damit zufrieden, nur bei einer Etappe in diesem Prozeß mitzuarbeiten. Für unvorbereitete Menschen ist es ein langer Weg bis in das Reich Gottes. Versuchen Sie, Ihren Bekannten zu helfen, damit diese *den nächsten Schritt auf die Bekehrung* zu tun können, auch wenn sie nicht gleich zu Gott ja sagen. Erzwingen Sie keine oberflächlichen Bekehrungen.

b) *Bauen Sie Ihr Leben auf das Fundament des Wortes Gottes.* Wir haben schon davon gesprochen, daß wir mit unserem Leben eine attraktive Alternative anbieten wollen; daß wir unser Leben und unseren Glauben in Einklang bringen wollen und mit unserem Leben gute Zeugen Christi werden. Unser gesamtes Wertsystem, d. h. unsere moralischen und philosophischen Anschauungen, sollten mit der Bibel übereinstimmen. Machen wir doch unser Zeugnis nicht zu einer Karikatur, sondern lassen wir es einen Hinweis auf Gottes Gnade sein.
Natürlich ist es unmöglich, hier Vollkommenheit zu erreichen. Aber wenn wir uns ehrlich bemühen, in das Bild Christi verwandelt zu werden, werden wir uns deutlich von der Welt abheben. Es ist weder nötig noch erstrebenswert, vollkommen zu sein.

Paulus erkannte das: „Nicht, daß ich's schon ergriffen habe oder schon vollkommen sei..." (Phil. 3,12). Wir sollen der Welt keine Vollkommenheit zeigen, sondern die Gnade Gottes. Wir sollen den Glauben – trotz unserer Fehler – mit unserem Leben weitergeben. Wenn wir uns als fromm und vollkommen ausgeben, werden wir andere nur entmutigen. Wir sind doch unvollkommen und haben Fehler, aber wir sind erlöst.

c) *Stellen Sie sich den Problemen wie Abkapselung, Angst und Anpassung.*

Wenn Ihre Absonderung von der Welt zur Abkapselung geworden ist, dann *ändern Sie Ihren Lebensstil.* Jesus war ein Freund der Sünder und Zöllner. Wir müssen ebenfalls die Menschen so akzeptieren, wie sie sind. Seien Sie realistisch in bezug auf die Menschen und erwarten Sie nicht zuviel. Sie sind keine Christen und werden sich dementsprechend verhalten. Versuchen Sie nicht, sie umzukrempeln. Jemand akzeptieren, heißt nicht, sein Verhalten gutzuheißen. Der Unterschied zwischen Ihren Wertvorstellungen und denen der Nichtchristen wird bald offen zutage treten. Aber achten Sie darauf, daß dieser Unterschied auf in der Schrift verwurzelten Dingen beruht und nicht auf nebensächlichen, persönlichen Überzeugungen. Es ist unsere Verantwortung, uns an sie anzupassen, aber in bezug auf klare Gebote Jesu. Tun Sie alles, damit sich der andere bei Ihnen wohl fühlt. Seien Sie „allen alles". Erinnern Sie sich: die Heiligung ist eine Herzenshaltung und hat nichts mit der Umgebung zu tun. Vermeiden Sie es, zu beurteilen, zu predigen, zu verurteilen oder zu moralisieren. „Nein, danke" ist eine sehr viel bessere Antwort als „Ich rauche nicht, denn ich bin Christ und die Bibel sagt..." Das Gebet vor dem Essen ist nicht unbedingt ein gutes Zeugnis, wenn es Ihren Gast in Verlegenheit bringt. Seien Sie gnädig, nicht gesetzlich! Seien Sie sensibel dafür, wie Ihr Verhalten auf andere wirkt. Lieben Sie die Menschen, wie sie sind, und zwar als einzelne, wertvolle Personen, nicht als Missionsobjekte. Lieben und bejahen Sie, passen Sie sich an. Seien Sie ein Freund. Wir haben davon gesprochen, daß wir unsere Haltung ändern wollen. Wir werden uns auch andere Prioritäten setzen müssen. Gute Beziehungen mit Menschen aufzubauen, erfordert Zeit. Die meisten Christen sind unglaublich beschäftigt. Eine radikale Veränderung in unserem Terminkalender wird nötig sein.

Ein mir bekannter Pastor sagte seinen Gemeindegliedern, daß ein Abend in der Gemeinde jede Woche genug ist, sonst würden sie kostbare Zeit verlieren, die sie mit Nichtchristen verbringen könnten. Wenn Ihr Nachbar mit Ihnen Pizza essen gehen will und Sie in der Woche keinen freien Abend mehr haben, wird er eine weitere Einladung nicht mehr wagen. Ein Schlüsselbegriff für den Aufbau von Beziehungen ist „Zeit haben".

d) *Suchen Sie sich einige Gleichgesinnte.*

Es gibt nur wenige von uns, die irgend etwas alleine bewerkstelligen können. Wir brauchen gegenseitige Ermutigung und Unterstützung. Wir brauchen das gemeinsame Gebet. Wir müssen einander helfen, die richtigen Ziele zu verfolgen, und können nur als Gemeinschaft wirksam handeln. Im Verlauf der Evangelisation durch das gelebte Zeugnis wird es Zeiten geben, in denen es nötig ist, die Nichtchristen mit anderen Christen zusammenzubringen. Eine Institution kann diese Aufgabe bei säkularisierten Menschen nicht übernehmen. Dieser Kontakt mit anderen Christen ist aus folgenden Gründen sehr wichtig:

- Er verstärkt Ihr Zeugnis und gibt ihm mehr Glaubwürdigkeit.
- Er vergrößert die Möglichkeiten zum Zeugnis, denn nicht jeder von uns hat die gleiche Gabe, sich auszudrücken.
- Ein anderer in der Gruppe kann sich vielleicht in einer bestimmten Situation treffender und verständlicher ausdrücken.

So wird also diese Art des Evangelisierens eine Sache der Gemeinschaft oder Gruppe. Jeder, der sich irgendwie in die Gruppe einbringt, nimmt also an dem Evangelisationsprozeß teil. Jeder gebraucht seine Gaben und stellt sie in den Dienst der anderen. Werfen Sie doch alle Ihre Gaben und Möglichkeiten in einen Topf. Setzen Sie sich einmal zusammen und überlegen Sie, welche Gabe jeder einzelne hat.

e) *Bereiten Sie sich darauf vor, das Evangelium auch mit Worten weiterzugeben.*

Wenn schon die einfache Darstellung des Evangeliums nachweisbare Erfolge bei den vorbereiteten Menschen erzielt, so ist auch das gesprochene Zeugnis ein wesentlicher Bestandteil der Evangelisation mit unserem Leben. Es wird auf verschiedenen Ebenen zu diesem gesprochenen Zeugnis kommen:

- gelegentliche Bemerkungen über den Einfluß Christi in unserem Leben und auf unsere Wertmaßstäbe

– persönliches Zeugnis, wie wir Christus begegnet sind
– klare Darstellung der Botschaft, die Gottes Versöhnungsplan zusammenfassend erklärt.
– Studium der Schrift mit einer oder mehreren Personen mit dem Ziel der Evangelisation.

Schauen Sie noch einmal auf diese Liste: wo entdecken Sie Schwächen und Fehler bei sich? In welchem dieser Punkte möchten Sie gerne Fortschritte machen? Was könnten Sie tun, um das zu erreichen? Wen kennen Sie, der Ihnen dabei helfen könnte? Welche Bücher könnten eine Hilfe sein?

Das Ziel ist, unseren Glauben *natürlich* mitzuteilen. Das erfordert Vorbereitung und Erfahrung. Fangen Sie damit an. Wenn es Ihnen über den Kopf zu wachsen scheint, holen Sie sich Rat und Hilfe von jemandem, der schon mehr Erfahrung hat. Beobachten Sie, wie diese Person es macht, und bald werden Sie es ebenso gut beherrschen.

f) *Ergreifen Sie von sich aus die Initiative und bauen Sie Beziehungen auf.*

Es ist schon ein großer Schritt vorwärts, wenn wir Augen für die Menschen um uns her bekommen. Seien Sie der erste, der „guten Tag“ sagt. Seien Sie freundlich. Bauen Sie eine Vertrauensbasis auf.

Suchen Sie Gemeinsamkeiten. Eine Beziehung kann entstehen, wenn zwei Menschen gemeinsame Interessen und/oder Schwierigkeiten haben. Das wird Sie Zeit kosten und einen Teil Ihres Privatlebens, aber wie können andere Menschen Gottes Gnade in uns erkennen, wenn wir immer unseren „Sicherheitsabstand“ bewahren?

Lieben Sie! Gottes Liebe zum Menschen stellte keine Bedingungen. Seine Liebe zeigt sich durch uns, wenn wir uns dafür hingeben, das Gute in dem anderen zu sehen, egal wie er auf uns reagiert (vgl. 1. Joh. 3,16–18). Es liegt auf der Hand, daß Lieben und Dienen eng miteinander verknüpft sind. Wenn Sie die Frage beantworten: „Wie kann ich dieser Person dienen?“, beantworten Sie gleichzeitig die Frage: „Wie kann ich sie lieben?“

Stärken Sie Ihre neu geknüpften Beziehungen und bereichern Sie sie dadurch, daß Sie andere gleichgesinnte, christliche Freunde mit einbeziehen. Dabei spielt es keine Rolle, ob wir eine Grillparty geben, in ein Jazzkonzert gehen oder eine Bibelstudiengruppe veranstalten.

g) *Wählen Sie bestimmte Personen aus und beten Sie für sie.*
„Und da Jesus das Volk sah, jammerte ihn desselben; denn sie waren verschmachtet und zerstreut wie die Schafe (...) Da sprach er zu seinen Jüngern: (...) Bittet den Herrn der Ernte, daß er Arbeiter in seine Ernte sende“ (Matt. 9,36–38).
Sind Ihnen die Menschen, die ohne Gott verlorengehen, gleichgültig? Fangen Sie doch an, die Menschen in ihrer Umgebung zu beobachten. Beten Sie. Bitten Sie Gott, konkret einzugreifen. Bieten Sie ihm Ihre Dienste an und warten Sie ab, was passiert! Zuerst wird er Sie wahrscheinlich auf einige bestimmte Menschen aufmerksam machen. Er möchte, daß Sie für diese einzelnen beten. Seien Sie treu darin. Beten Sie durch jeden Schritt des Prozesses, von Beginn des ersten Kontaktes über eine offene Tür zum Hören der Botschaft bis zu der Überführung durch den Heiligen Geist in bezug auf Sünde, Gerechtigkeit und Gericht.
Beten Sie anhaltend und erwartungsvoll (vgl. Lk. 11,9–10). George Müller schrieb einmal: „Das Wichtigste ist, daß man nie aufgibt, bis die Antwort auf unser Gebet kommt. Ich habe 52 Jahre lang jeden Tag für zwei Männer, Söhne eines Jugendfreundes, gebetet. Sie haben sich noch nicht bekehrt, aber sie werden es tun! (...) Die Christen begehen den großen Fehler, daß sie nicht anhaltend beten. Sie geben zu früh auf, weil sie kein Durchstehvermögen haben. Wenn sie wirklich etwas zu Gottes Ehre wünschen, dann sollten sie so lange beten, bis Gott ihr Gebet erhört.“*
Einer dieser Männer bekehrte sich bei George Müllers Beerdigung, der andere einige Jahre später.

h) *Laden Sie Ihre Freunde ein, mit Ihnen zusammen in der Bibel zu lesen.*
Sie haben von Anfang an klar gesagt, woher Sie Ihren Lebensstil beziehen. Ihre Freunde wissen, daß er auf der Bibel beruht. In dem Maße, wie die Echtheit und Anwendbarkeit der Bibel in Ihrem Leben sichtbar wird, wird die Neugierde und das Interesse Ihrer Freunde zunehmen. Oft ist es eine Frucht Ihrer Gebete und Ihrer praktizierten Liebe, die einen Menschen dazu bringt, Ihre Einladung bereitwillig anzunehmen; *als wenn er nur darauf ge-*

* George Müller, „George Müller Man of Faith“, Warren Myers, 12 Siglap Close, Singapore 15, S. 9.

wartet hätte, daß Sie ihn einladen. Seien Sie offen und ehrlich in Ihrer Einladung. Denken Sie daran: Sie wollen keine sofortige Entscheidung für Christus erzwingen, sondern dem anderen nur die Möglichkeit geben, selber aus erster Hand das Wort Gottes und den Sohn Gottes kennenzulernen.

Bibelstudien können mit einem einzelnen, mit einigen Ehepaaren oder in kleinen Gruppen durchgeführt werden. Wenn Sie sich nicht zutrauen, selber ein Bibelstudium zu leiten, dann tun Sie sich mit jemandem zusammen, der das kann. Aber wenn Sie es möglicherweise doch können, dann tun Sie es selbst. Es gibt einige Bücher, die hierzu Anleitung geben.* Oder studieren Sie einfach mit jemandem das Johannesevangelium oder den Römerbrief.

i) *Rechnen Sie mit dem Wirken des Heiligen Geistes.*

Lassen Sie ihm Zeit, zu arbeiten. Übernehmen Sie seinen Zeitplan, nicht den Ihren. Ihre Aufgabe ist es, die Botschaft der Schrift klar darzulegen. Danach muß der Heilige Geist weiter an diesem Menschen wirken.

Achten Sie auf die Umstände, die im Leben eines Menschen eintreten, der anfängt, in der Bibel zu lesen. Oft verschlechtert sich seine Lage und das ist ein Zeichen dafür, daß er mit seiner grundsächlichen Auflehnung gegen Gott zu kämpfen hat. Oder er gerät in eine Krise und verliert die Kontrolle über sein Leben. Fassen Sie Mut! Gott benutzt solche Krisenzeiten, um uns unsere Bedürfnisse klarzumachen und uns wachzurütteln. Seien Sie als Freund zur Stelle, wenn solche Dinge passieren. Die Geborgenheit, die ihm Ihr Verständnis, Ihre Liebe und Freundschaft schenkt, ist in solchen Zeiten gewöhnlich wichtiger als gute Ratschläge.

j) *Halten Sie zu ihm.*

Seien Sie beständig. Das Einfachste an einem evangelistischen Bibelstudium ist die eigentliche Bibelarbeit selbst. Die größere Schwierigkeit besteht darin, den Wunsch zu wecken, an dem Bibelstudium teilzunehmen und das Interesse auch über eine längere Zeitspanne aufrechtzuerhalten. Sie werden nicht weit kommen, wenn Sie den Kontakt nur während des Bibelstudiums pflegen. Achten Sie darauf, auch außerhalb der Treffen ein informelles Beisammensein zu pflegen. Dazu gehört nicht viel. Eigentlich

* „Wie leite ich eine Bibelstudiengruppe", Die Navigatoren, 1974.

sollten sie es damit auch nicht übertreiben: „Halte deinen Fuß zurück vom Hause deines Nächsten; er könnte dich satt bekommen und dir gram werden" (Spr. 25,17). Ein Besuch von 10 Minuten kann schon genügen, um die Beziehung weiter zu vertiefen und Zeit und Ort für das nächste Treffen zu vereinbaren. Dieser Kontakt außerhalb des Bibelstudiums ist wesentlich. Es sind vielleicht solche kurzen Augenblicke, die den Weg für tiefere Gespräche bereiten.

Schlußbemerkung

1937 wurde die erste Auflage von „Think and grow rich" von Napoleon Hill veröffentlicht. Dieses Buch war das Ergebnis von 20 Jahren Forschungsarbeit unter der Leitung von Andrew Carnegie. Napoleon Hill interviewte im Rahmen dieser Forschung Hunderte von Amerikas erfolgreichsten Unternehmern: Männer wie Henry Ford, Thomas Edison und John D. Rockefeller. Er suchte den gemeinsamen Nenner, die gemeinsamen Eigenschaften, die zu ihrem Erfolg geführt hatten. Nachdem er diese Qualitäten entdeckt, interpretiert und eingeordnet hatte, präsentierte Hill sie als eine Philosophie für finanziellen Erfolg. Seit 1937 wurden 42 Auflagen von „Think and grow rich" verkauft – ein Beweis für den enormen Erfolg und Einfluß, den dieses Buch auf die amerikanische Gesellschaft ausgeübt hat. Ich halte dieses Buch allerdings für extrem gefährlich: Im wesentlichen besteht Hills Schlußfolgerung darin, daß, wenn jemand den Wunsch hat, reich zu werden, er nur eine Leidenschaft für Geld entwickeln muß, um zum Ziel zu kommen. Er sollte viel über Geld nachdenken, planen und alles opfern, um es zu bekommen. Das Geld muß die höchste Priorität in seinem Wertsystem bekommen. Aber ich gebe Hill in einem Punkt Recht: Das, worauf ich heute versessen bin, wird morgen Realität werden!

„Behüte dein Herz mit allem Fleiß, denn daraus quillt das Leben" (Spr. 4,23). Von welcher Idee sind Sie besessen? Sind es Gottes Ideen? Was tut Gott? Er bringt alle Dinge zurecht und versöhnt alles mit ihm selber (vgl. Kol. 1,15–20).

Das, worum es sich in diesem Buch dreht – verlorene, säkularisierte Menschen mit dem Evangelium zu erreichen – ist auch das, was Gott am Herzen liegt. Es lohnt sich, von dieser Idee besessen zu sein.

Rod Sargent

Was Gott aus meinem Leben macht

Edition C, Nr. P 45, 24 Seiten, viele farbige Fotos

Ein Christ ist nicht von Anfang an ein »perfekter Christ«. Auch er muß zuerst »gebaut« und »geformt« werden. Der Verfasser zeigt uns anhand eines Schiffbaus, wie das Werden und Wachsen eines Christen aussieht. Durch die Parallele mit dem Schiffbau wird dieses Geschehen klar und deutlich. Farbige Fotos ergänzen und illustrieren die Aussagen des Textes.

VERLAG DER
FRANCKE-BUCHHANDLUNG GMBH
MARBURG AN DER LAHN